나무가
청춘이다

고주환 지음

글항아리

필자가 부모님께 물려받은 성황림마을의 옛집 '엉클한 캐빈'.

책머리에

청춘靑春은 봄을 맞은 수목들의 왕성한 생명활동에서 왔으니 이 말의 본
래 주인은 나무다. 나무는 인간과 비할 수 없이 오랫동안을 살면서도 봄
마다 청춘이다. 그러나 청춘은 뿌리에서 줄기를 거쳐 잎새 끝까지 푸르름
을 끌어올리기 위한 치열한 생명활동의 다른 이름일 뿐 아름다운 꽃이나
풍성한 열매처럼 실체로서 존재하는 것은 아니니, 다음 단계를 위해 스스
로 치열해지지 않으면 안 되는 뜬구름 같은 것이기도 하다.

　　나무의 보이지 않는 노력을 너무 쉽게 생각했던 걸까? 인간 세상에
서도 꿈과 열락의 상징이던 청춘은 어느새 스스로 맞서야 하는 현실을 버
거워하며 기성세대의 품을 파고든다. 하지만 나무건 사람이건 본래 청춘
이 치열하지 않은 적은 없었다. 새마을운동의 열풍이 산업화로 옮겨붙던
내 청춘 시절, 성황림마을 농사꾼의 아들인 나는 그야말로 어정쩡한 이
력을 가지고 제도권의 문을 두드렸다. 돌아온 것은 그들만의 철옹성 밖에
내가 서 있다는 막막함뿐이었다. 그때 내가 택한 길은 공단행이었다. 내

가 먹는 밥과 잠자리만은 더 이상 신세지지 않겠다는 알량한 자존심으로 들어간 공장의 허름하고 열악한 기숙사는 백석의 시를 생각게 했다.

> 습내 나는 누긋한 타지의 찬 방에서
> 내 슬픔과 어리석음에 눌리어
> 죽을 수밖에 없는 가운데서도
> 먼 산 바우섶에 외로이 서서
> 어두워는 오는데
> 마른 잎새에 쌀랑쌀랑 소리를 내며 눈을 맞을
> 그 굳고 정하다는 갈매나무를 생각하는……

영락없는 시인의 심정이 되었던 내가 떠올린 건 농사꾼에서 목수에 대장장이로, 임하게 된 그 자리에서 살 길을 찾았던 내 아버지의 삶과, 그 모진 겨울을 앙상한 채 견디어내곤 봄이 되면 어김없이 푸른 싹을 피워올리던 고향 당숲의 나무들이었다. 암울하게만 보이던 그 세상에 차차 온기가 돌며 내가 할 수 있는 작은 일들이 보이기 시작했다.

치열하게 임하다 보니 이런저런 부침浮沈이 있었지만, 어느새 나는 아버지가 성황림마을에서 그러셨듯 건실한 민초로서 사회 안에서 단란한 삶을 꾸려가고 있었다. 나는 이를 작은 성공이라 말하고 싶다.

이 책은 식물학적 지식을 전하거나 분류를 할 목적으로 쓴 것이 아니다. 언급하는 풀과 나무에 관한 역사적·문화적 기록이나 구전되는 민속 위에 격변기 속 민초들의 삶과 목수 아들로서의 사실적 경험들을 그려 넣었다.

앞서 펴낸 『나무가 민중이다』에서 농경문화의 도구나 생활 수단 그리고 곤궁한 시절의 연명식으로서 나무의 이야기가 근간을 이루었다면, 이 책에서는 나름 치열했던 내 청춘 자서전의 조각들을 그 시절을 대표하던 나무들과 함께 풀어냈다. 유년기의 산촌 마을을 벗어나 신작로 너머의 세상을 동경하던 까까머리의 풋사랑과 고립무원의 심정이 되어 쓸어내던 논산훈련소의 목련꽃 그리고 시린 청춘의 정점을 함께한 공단길의 플라타너스까지, 농경 시대에서 산업화 시대로 대를 이어 살아온 민초의 삶에 녹아 있는 우리 나무와 풀들을 만날 수 있을 것이다.

이 책에 또 하나의 주제가 있다면 그것은 소통과 교감이다. 요즘도 주말이면 가족과 집을 나서 어릴 적 노인 아버지가 눈자위만 하얗던 막둥이를 데리고 올라 물참대 피리를 만들어주던 그 산천을 오른다. 유년 시절의 기억을 되살려 물오른 산버들가지를 비틀어 호둑이를 만들어 불거나 덜 익은 야광나무 열매를 깨물다 뱉기도 하고 비탈밭에 소를 부려 쟁기질을 하는 친구 아버지에게 옛이야기를 청해 듣기도 한다. 그렇게 직접 눈으로 보고 손으로 만질 수 있는 풀과 나무로부터 심연의 기억들을 끌어올려 소제목을 하나하나 채워나갔다.

'나무가 청춘이다!'

아니, 나무야말로 청춘의 표상이자 우상이다. 나무는 수많은 씨앗과 함께 모체를 떠나 천신만고 끝에 비로소 하나의 존재로 태어난다. 그 뒤에도 보이지 않는 치열한 생존의 몸부림을 통해 해마다의 푸르름과 결실을 지속해가며, 그 생명이 다시 주변부의 생명에 기여하고 그렇게 숲을 이루는 것이다. 이런 나무야말로 이 땅의 주인이자 모든 생명들의 스승이라 부르기에 모자람이 없다.

돌이켜보니 나무는 내 인생의 모든 페이지에 질풍노도의 시기를 겪는 망나니 아들을 바라보는 어머니의 시선을 드리우고 있었다. 이 책이 불과 얼마 전까지만 해도 풀과 나무가 생활 속에서 얼마나 가까운 존재였는지 그리고 오늘의 기계문명 속에서 희미해져가는 그것들이 얼마나 소중한지를 일깨워주는 작은 창이 되기를 바라는 마음이다.

2013년 10월
성황림마을의 민초소생
고주환 배상

1부 | 삶 生

우리 곁의 나무

도깨비집 소녀와
가죽나무

성황림마을 본동 끝자락에 도깨비집이 있었다. 한동안 빈집으로 있다가 외지에서 사람이 와 잠시 사는 듯싶으면 영락없이 도깨비 소동을 겪고 다시 이사 가기를 반복하는 집이었다. 푸닥거리를 하거나 용하다는 무당을 불러 상을 거하게 차려놓고 굿을 아무리 해보아도 도깨비의 장난이 그치질 않았던 것이다.

몇몇 동네 사람이 함께 봤다는 도깨비의 만행은 대략 몇 가지로 요약된다. 솥뚜껑을 솥 안에 넣어두기, 이불 보따리를 시렁*도 없는 허공에 얹어두기, 빗자루를 기대지 않고 세워두기, 봄에 파종할 씨앗을 온 방에 흩뿌려놓기, 이불을 헤쳐 솜을 방 안에 온통 뜯어놓거나 옷가지를 잘게 찢어놓기, 사람이 방에 있으면 부엌에서 부엌에 있으면 방에서 두런거리기 등이 있었다. 그밖에도 이유 없이 닭이나 개가 죽어 있는 등 어찌 보면

* 벽을 뚫어 건너지른 나무 선반.

애교 섞인 장난인 듯하지만 반복되다 보면 당하는 사람 입장에서는 은근한 공포를 느낄 만한 일들이었다.

　도깨비 장난이 심해지면 무당을 불러다 굿을 했다. 오색천이 너풀거리는 요란스런 복장의 무당은 둘러선 구경꾼 가운데 주로 총각을 선택해서 대*를 잡게 한 뒤 꽹과리와 북을 치며 주술을 행한다. 간혹 신이 내리지 않아 대잡이를 바꾸기도 했지만 대개는 무당의 춤과 주문이 절정에 이를 때쯤 굿대가 아래위로 흔들린다. 그러면 무당은 도깨비가 누구의 원귀이며 왜 이 집에 해코지를 하는지 질문을 던지는데 대잡이는 자기도 모르게 평소와 다른 목소리로 짧은 대답을 하게 된다. 무당에게 이끌려 집 주위 나무 아래로 가서 예전에 "내가 이 나무에 목을 매 죽은 원혼"이라며 울기도 했고 어떨 때는 "굶어 죽은 아기 동자"라며 분노를 표하기도 했는데 구경하던 우리에게는 마을 형의 신내림 행동이 신기하기만 했다.

　굿이 끝나면 집주인은 뒤란의 배나무를 베기도 했고 어떤 날은 마당가에 있던 뽕나무를 뿌리째 캐어서 불살라버리기도 했다. 그러는 동안 허술하게 빙 둘러진 야트막한 돌담을 따라 나무가 무성했던 그 집에는 마당 끝을 흐르는 봇도랑과의 경계에서 속성으로 자란 가중나무 한 그루만 덩그러니 남겨졌다.

　굿을 하면 한동안 잠잠해지는 듯하다가 또 얼마 지나지 않아 도깨비 소동은 일어났다. 그 집 주인이 밤에 치열한 사투를 벌인 끝에 도깨비를

---

*　소나무 가지와 창호지로 만든 작은 빗자루 모양.

붙잡아 가중나무에 묶어두었는데 아침에 일어나보니 빗자루가 묶여 있더라는 이야기가 돌고, 그러다 결국 이사를 가버려 다시 빈집이 되곤 했다.

그 집에 주화네가 이사 오고 나서는 도깨비 이야기가 들리지 않았다. 주화는 나보다 서너 살 아래의 여자아이였는데 젊은 부모님에 코흘리개 남동생이 둘 있었다. 방첩대인지 특수부대인지를 제대한 아버지는 '영웅'이었던 지난 시절에 대한 미련을 털어버리지 못한 채 술타령을 일삼았고 남의 집 농사일에 품을 팔거나 닭을 키우고 묵나물을 만들어 장에 내다 파는 어머니의 억척스러움으로 가족이 겨우 생활하는 처지였다.

우리 다락논이 그 집 옆에 있어 물고 단속* 심부름을 하거나 논 위쪽 묵밭에 소를 내다 매러 갈 때면 주화네 집 마당 끝으로 난 봇도랑길을 지나게 된다. 주화네 집의 아침은 언제나 평화스러웠다. 아침 일찍 남의 집 일을 가신 어머니 대신 두 동생을 맡아 보는 주화도 마당에 금을 긋고 사방치기를 하거나 가중나무와 닭장 문 사이에 검정 고무줄을 매고는 혼자 놀이를 하는 모습이었다. 이따금씩 마당 한켠에 널어놓은 삶은 강냉이 위로 닭이 올라가면 빨랫줄을 받쳐놓은 바지랑대를 빼들고 후다닥 쫓아놓고는 다시 와서 하던 놀이를 계속했다.

주화 아버지는 볕이 잘 드는 봉당에서 안방 흙벽에 반쯤 기대듯 누워 날을 시퍼렇게 세운 군용 단검으로 발뒤꿈치의 각질을 깎아내곤 했다. 안방 문 위쪽에는 군대에서 찍은 사진들이 걸려 있고 그 주변으로는 엄나

* 논에 물을 대거나 빼는 일.

무 가시를 살려 깎아놓은 험상궂은 방망이들을 걸쳐놓았다. 이따금 방 안에서 동생들이 칭얼거리는 소리가 들리면 삶아서 말리고 있는 강냉이통 하나를 휙 던져주고 주화는 또다시 놀이에 열중했다. 냉면집 공터에 가서 또래들과 어울리고 싶은 마음이 없지야 않았겠지만 아버지만 계시면 주화에게는 그래도 안락하고 평온한 한나절이다.

주화네 집은 소나무가 울창한 산자락 끝을 등진 동북향이라 해가 중천을 넘어서면 응달이 져 어둑해지기 시작한다. 무료함을 견디다 못한 주화 아버지가 주막으로 나가고 나면 음산한 기운을 풍기기 시작하는데 아무것도 모르던 주화가 얼마 전 또래에게 "너네 집은 도깨비집이래!" 하는 말을 듣고 나서부터는 부모님이 안 계시면 무서워서 있을 수가 없었다. 그 뒤로 주화는 저녁 무렵이 되면 막내를 포대기로 끄려 업고 다른 하나는 손을 잡은 채, 집에서 주막집 사이를 왔다갔다하기를 반복했다.

주막에 가서

"아부지! 집에 혼자 있기 무서워. 빨리 가유!"

이러면 취하기 전에는 주화 아버지도

"무섭긴 뭐가 무섭다구그래?"

했다가도 딸의 눈빛이 애처로웠던지

"그래 곧 가마."

했다. 그러나 한 잔 두 잔 술에 취기가 오르면

"내가 말이야."

로 시작하는 장황한 무용담이 시작된다.

"내가 특수요원으로 피양(평양)에 침투해서 어떻게 했는지 알아?"

늘 되풀이되는 그 과장된 흰소리에 부엌 옆 술청에 있던 어른들은 슬그머니 방으로 자리를 피했고, 대꾸도 않는 주모를 향해 얘기는 계속됐다.

"피양에 가면 우리 단골 술집이 있는데 그 집 주모가 얼마나 곱상한지 남남북녀가 꼭 맞다니까."

이래도 별 반응이 없으면 꺼먹물을 들인 야전잠바 안쪽에서 군용 단검이나 어떨 때는 권총을 꺼내

"이걸 봐도 못 믿겠어?"

하며 대꾸를 채근한다.

"야! 권총이래."

밖에서 놀던 아이들이 소문을 듣고 주막집 문틈으로 들여다보면 주화 아버지의 만용은 극에 달한다.

"우린 흙이나 돌을 깨 먹어도 몇 달은 버틸 수 있어. 보여줄까?"

하며 갑자기 상에 놓인 소주를 병째 한 모금 들이키고는 병 주둥이 한쪽을 이빨로 뚝 뜯어서 빠삭빠삭 소리가 나도록 씹는다.

"와! 저거 봐."

"피 안 나나?"

"특수부대래."

아이들의 두런거림과 술기운에 한껏 우쭐해진 주화 아버지의 객기 어린 행동은 병 주둥이가 손가락 한 마디만큼이나 없어질 때까지 계속됐다.

"아부지 입에서 피나유. 집에 가유."

주화가 울상이 되어 말리면 호통을 쳐서 집으로 쫓아 보낸 뒤에도

"권총 만져봐도 돼유?"

"총알 들었어유?" 하는 아이들의 호기심 어린 반응에 신이 나서 알 아들을 수도 없는 평양 얘기를 늘어놓는다.

마을에 어둑어둑 땅거미가 내릴 무렵이면 나도 집으로 돌아와 주화 네 집 옆 덧둔지의 낙엽송 밭에 고삐를 길게 늘여 매놓은 소를 끌러 간다. 주화네 집 앞을 지나다보면 집 안으로 들어가지 못한 주화가 막내는 업고 둘째의 손을 잡은 채 마을이 내려다보이는 마당 끝 가중나무 아래에 서 있다.

"왜 여기 있는데?"

"집엔…… 무서워서."

"엄마 안 오셨니?"

주화는 고개만 끄덕인다.

내가 소를 끌고 다시 지나칠 때에도 주화는 그대로 서 있었고 발을 동동 구르는 모습이 몹시 애처로워 고목밤나무가 있는 담 모퉁이를 돌 때 까지 자꾸 뒤돌아보곤 했다.

주화 아버지의 만용 어린 술버릇은 그 뒤로도 계속됐고 주화가 동생 들과 함께 어두워지는 마당 끝 가중나무 아래에서 동동거리며 엄마를 기 다리는 날도 점점 많아졌다. 그러던 어느 날 아침, 주화 아버지가 우리 집 에 들어서며 아버지를 찾았다.

"형님이 계신 사북탄광에 일자리가 있다고 해서 이사를 가게 됐습니

다. 어르신께 그동안 여러모로 죄송해서……."

"도깨비 터 누르고 살면 부자 된다던데, 탄광에 가게 됐구면."

주화 아버지가 뒤통수를 긁적거리며 아버지께 작별 인사를 다녀가던 날, 소를 내 매러 가다가 본 주화는 지금껏 내가 보던 중 가장 밝은 얼굴이었다. 여느 때처럼 가중나무와 닭장 문에 고무줄을 매고 혼자 고무줄놀이를 하고 있었는데 그동안은 입속으로만 웅얼거리던 노랫말이 우리 다락논배미 끝에까지 들렸다.

"앞바퀴 뒷바퀴 자동차 바퀴

　앞에는 운전수 뒤에는 손님……."

그게 내가 본 주화의 마지막 모습이었다. 그날 이후 도깨비집은 또 빈집이 되었고 이따금 나는 약으로 쓸 나뭇가지를 잘라오라는 아버지의 심부름으로 그 집 앞에 을씨년스레 서 있던 가중나무에 오르곤 했다.

쥐손이풀목 소태나뭇과의 낙엽활엽교목인 가중나무는 중국 원산의 귀화식물이다. 옻나무나 붉나무의 형태에 깃꼴 모양의 잎이 커다란 속성수인데 잎과 순을 먹는 참죽나무에 대비된 가짜 죽나무인지 아니면 한자 이름 가승목假僧木에서 온 가짜 중僧나무에서 유래한 이름인지는 정확치 않다. 한방에서는 뿌리의 껍질을 '저근백피樗根白皮'라 하여 치질과 중풍 등에 사용하며 민간에서는 이질이나 위궤양 등에 약으로 썼다. 잎과 수피에서 누린내가 나며 목재는 속성수라 무르지만 심재의 색과 무늬가 아름다워 가구재나 합판재, 차탁 등으로 쓰인다. 최근에는 역시 중국이 원산

지인 해충 꽃매미와 이역 땅에서 재회하여 숙주와 기생관계를 이어가고 있는, 달갑지 않은 생태 멜로드라마의 주인공이기도 하다.

땅거미 내리는 도깨비집 가중나무 아래서 동생을 업고 엄마가 오실 마을길을 내려다보며 발을 동동 구르던 소녀의 모습이 흑백영화의 장면처럼 잊히지 않는다. 가중나무는 그 뒤 누군가에 의해 잘려나갔고 도깨비집은 오랫동안 비어 있다가 최근에야 수리를 하고 중년 남자가 요양차 들어와 살았다. 2년쯤 잘 있다가 또 도깨비소동을 겪은 뒤로는, 마을 사람들이 녹음을 하네 촬영을 하네 부산을 떨다가 곧 철거되었다.

미뚱지의 가시나무
보리수나무

성황림마을을 풍수적으로 보자면 왼쪽으로 응봉산 줄기가 오른쪽으로는 시명봉에서 백운산으로 이어지는 치악산의 능선이 좌청룡 우백호를 이루며 내달리고 상원골 계곡과 절골 계곡에서 각각 발원한 물줄기가 만나 남한강의 지천인 주포천의 상류를 이루는 지역에 위치한다. 두 계곡을 가르는 호랑이산을 주산으로 하고 마을 동서 양쪽을 거무내산이, 그 끝자락의 빠꼼한 마을 입구를 인공의 당숲이 가로막고 있는 산병풍의 형상이다. 마을의 진산인 호랑이산은 시명봉에서 뻗어 내려오다 멈춘 산으로, 험준한 악산의 산세 속에서도 그 끝엔 봉황이 알을 품는다는 배산임수 명당지의 조건을 갖추고 있다.

바로 그 호랑이산 끝자락에 능숲이 있다. '왕이나 왕후의 무덤 주변에 조성된 숲'이라는 사전적 의미로 미루어 짐작해보더라도 산간마을의 작은 숲치고는 거창한 이름이다. 이 지방이 고려 왕조의 기반을 닦은 궁예 세력의 태동지라는 역사적 배경과 능숲의 유래를 연관지어 거창한 사연 한 자락쯤 전해 내려올 법도 하건만, 펑퍼짐한 경작지 옆에 노송 몇 그루와 봉분이 나지막한 묘지 하나가 있을 뿐이다.

본동의 언저리쯤에 위치한 이 숲은 묘지 주변에 잔디 뜰이 넓게 펼쳐져 있어 당숲과 보악소, 냉면집 공터 등과 함께 계절별로 장소를 옮겨 다니던 동네 아이들의 봄철 놀이터였다.

바람 끝에 아직 북풍의 찬 기운이 남아 있는 이른 봄. 겨우내 쌓였던 눈이 녹아 냉면집 공터는 온통 질척하고 당숲은 볕이 잘 들지 않아 갈 곳이 마땅치 않을 때, 아이들은 이 능숲의 미뚱지*에 모여들었다. 이곳은 양지바른 데다 물 빠짐이 좋아, 이 계절에도 보송보송한 잔디 위에서 각종 놀이를 할 수 있는 장소였다.

미뚱지에 모인 녀석들은 봉분 위에서부터 보리수나무가 둘러선 잔디 뜰 끝까지 옆으로 뒹굴며 놀았다. 한참 구르다 보면 방향감각을 잃고 앞뒤에서 출발한 녀석들과 부딪치고 엉키기도 했고, 그러다 하늘을 보면 땅도 돌고 하늘도 빙빙 돌던 기억이 새롭다. 그것도 싱거워지면 편을 짜서 등말을 태우고 무릎으로 기어서 달리기나 닭싸움을 했고 때로 아이들끼리 서열이 충돌할 때 결투장으로도 안성맞춤이었다. 아이들이 가는 곳이 늘 그렇듯 한쪽에서는 줄줄이 딸린 두서너 살 아래 동생들이 통곱살림(소꿉놀이)을 차리거나 고무줄놀이를 하는 광경이 연출되었다.

---

* 잔디가 잘 자란 묘지와 그 주변을 합쳐 그렇게 불렀다.

그 묘에는 묘지기 아저씨가 있었다. 묘전^{墓田}*으로 딸린 능숲 옆의 밭을 부치면서 벌초를 하거나 묘를 관리했는데 아저씨는 봄철에 아이들이 봉분에 오르지 못하도록 하는 것을 책무로 여기는 듯했다.

"야! 도사 떴다. 빨리 내려와."

중년의 나이에도 아이가 없어 동네 어른들은 그 아저씨를 '도성'이라는 이름으로 불렀는데 아이들은 그 이름을 빗대서 그를 '도사'라고 했다. 도사는 봉분에 올라선 아이가 있으면 멀리서 소리를 지르다가 그래도 내려오지 않으면 지게작대기를 들고 쫓아왔다. 그러다 아저씨가 오는 것을 본 아이들이 봉분에서 내려가면 다시 집으로 돌아가곤 했다.

"우리, 도사 골려주자."

"어떻게?"

"까실르자."

'까실르기'란 잔디에 불을 질러 윗부분의 마른 잎을 태우는 것을 말했다.

"혼날 텐데?"

"도망가면 돼. 그리고 붙잡혀도 누가 그랬는지 모른다구 해."

호기심 반 두려움 반으로 멀뚱거리는 아이들 앞에서 대장 용수는 주머니에서 성냥개비와 황이 칠해진 종잇조각을 꺼내 그어댄다.

'픽.'

뛰어 노느라 땀이 찬 주머니 속에 있던 성냥개비는 눅눅해서 대가리

---

* 묘지를 관리하는 대가로 경작하는 밭.

만 뭉개져 떨어져나간다.

몇 개비를 허비하고 나서야 비로소 불이 붙었다.

"야! 나뭇가지 하나씩 꺾어와서 긁어 퍼뜨려."

마른 잔디 잎에 옮겨붙은 불은 따가운 봄 햇살 때문에 불꽃도 거의 드러내지 못한 채 검은 흔적만을 남기며 번져갔다. 나뭇가지를 꺾어온 아이들은 불씨를 이리저리 긁어서 옮겨 퍼뜨리기에 여념이 없었고 겁을 먹은 동생들은 슬그머니 꽁무니를 뺐다.

"이놈들, 빨리 끄지 못해!"

연기를 본 도사 아저씨가 멀리서 소리를 지르며 뛰어왔고 혼비백산해서 길이 없는 묘지 너머로 내뛰던 우리는 미뚱지 가에 빼곡하게 늘어선 보리수나무 가시에 옷이 찢기고 살을 긁혀가며 신작로를 건너 개울둑을 따라 도망쳤다.

도사는 때마침 바람까지 불어 급하게 번지는 불을 끄느라고 더 이상 쫓아오지 못했고 그렇게 그 불장난은 끝나는 듯했다. 그러나 허겁지겁 불을 끄던 도사 아저씨의 노력에도 불구하고 미뚱지를 태운 불길은 노송 숲 쪽으로 옮겨 붙었다. 불은 자칫하면 동네 진산인 호랑이산까지 태울 기세로 번져나갔고 누군가에 의해 냉면집 공터 망루에 있는 핸들식 사이렌이 울렸다.

당집 앞까지 도망쳐와서 쪼그려 앉은 우리에게 그때부터 불안감이 밀려오기 시작했다.

"에이씨, 나 이제 아부지한테 죽었다."

"그러니까. 내가 하지 말자고 했더니."

밀려오는 후회 속에 푸념을 하며 앉아 있는 우리에게 마을의 동정을 살피고 온 동생들이 상황을 전해주었다. 전해 들은 이야기는 일을 하다 말고 온통 불끄기에 동원된 부모님들이 "들어오기만 해보라"며 벼르고 있다는 암담한 소식뿐이다. 불을 지르고 내뛰느라 묘지 옆 보리수나무에 찢긴 살점의 핏방울쯤은 대수도 아니었다.

　　아이들은 어두워져서야 혼날 각오를 굳힌 채 각자 집으로 돌아갔다. 몇몇은 부모님이 대문을 안에서 걸어 잠그고 열어주지 않아 두어 시간을 떨다가 담을 넘었다고 한다. 이 일이 있은 뒤 그 자리에 있던 대부분의 아이가 한동안 마실*을 금지당하고 농사일에 끌려갔다.

　　검게 그을렸던 미뚱지는 그 열기와 재거름에 힘입어 얼마 지나지 않아 주변부보다 더 힘찬 기세로 파릇파릇한 잔디 싹이 돋았지만 이미 아이들의 놀이터는 당숲으로 옮겨간 뒤였다. 보리수 알(열매)이 익는 늦여름쯤 한두 번 기웃거릴 뿐 아이들은 이듬해 이른 봄까지 능숲의 미뚱지를 잊고 지냈다. 그러나 다음 해에도 그다음 해에도, 태산 같은 후환에도 불구하고 아이들의 미뚱지 까실르기는 계속됐고, 도사 아저씨와의 신경전도 매해 반복되었다. 내 기억속의 보리수나무는 이렇듯 동네 오래된 무덤 주변에 울타리처럼 둘러난 가시 센 떨기나무로 각인되어 있다.

　　초여름의 개울가나 밭가의 돌무더기에 딸기가 지천인 한때가 지나면 꾸러기들은 자연 속의 주전부리가 마땅치 않아 덜 익은 팥배나 산시

---

*　동네에 놀러 나오는 것.

보리수 열매

금치 줄기를 씹다가 그 떫고 신맛에 몸서리를 치고는 던져버리기 십상이다. 이 무렵에 그때까지는 거들떠볼 일이 없었던 보리수나무에 이름대로 보리알만 한 열매가 분홍 바탕에 흰 반점이 흩뿌려진 모습으로 익어간다. 잘 익은 놈은 맛이 달아 아쉬운 대로 아이들의 발길을 모은다.

　　보리수는 알이 작은 데다 한군데에 여러 알이 같이 붙어 있어 익은 알만 골라 따기가 어렵다. 가지를 훑어서 손 안에 들어온 열매들 중 푸른 기가 남아 있는 것을 대충 골라내고 입에 털어넣는데, 그래도 그중 좀 덜 익은 놈의 떫은 뒷맛이 오래 남아 고소한 개암으로 입가심이라도 하기 전엔 종일 퉤퉤거리며 마른침을 뱉어대기 일쑤다.

도금양목 보리수나뭇과의 낙엽활엽관목인 보리수나무는 우리나라 평안남도 이남지역의 들이나 야산에 널리 분포한다. 커봐야 2~3미터쯤인 관목 형태라 목재는 잡목과 섞어 땔감으로밖에 쓸모가 없는 가시나무지만, 흰 반점이 얼룩얼룩한 열매가 어린 시절의 추억 한 귀퉁이를 수놓고 있어 그냥 지나치기는 아쉽다.

보리수에 관한 기록으로 『조선왕조실록』 1499년(연산군 6년) 3월 1일 조에 전라도 감사에게 보낸 공문에서 "동백나무 5~6그루를 각기 화분에 담고 흙을 덮어 모두 조운선에 실어 보내고, 보리수市里樹 열매를 익은 다음에 봉하여 올려 보내라"라는 구절이 눈에 띈다. 여기에서 가리키는 보리수는 우리나라 남쪽 지방에 자라는 수종인 보리장나무의 열매로 보인다. 요즘은 정원수로 일본을 원산지로 하는 뜰보리수가 많이 보이는데, 보리장나무 열매와 뜰보리수는 우리나라 중북부 지방에 자생하는 보리수나무 열매보다 크다.

부처님이 열반에 드신 인도 지방의 뽕나뭇과 피팔라Pippala나무인 보리수菩提樹도 아니요, 슈베르트 가곡 속 '성문 앞 우물 곁에 서 있는 보리수'인 피나뭇과의 린덴바움Lindenbaum도 아니다. 묘지 주변이나 척박한 돌더미가 양지에 자라 보리알 같은 열매를 맺는 우리의 보리수나무는, 불장난을 하던 미뚱지 가를 빼곡히 둘러섰던 가시나무이며 출출해서 한 줌 훑어 먹으면 떨떠름한 맛으로 입안을 가득 채우던, 그 볼품없음이 그대로 추억이 된 나무다.

마을의 노인나무
산사나무

성황림마을 본동을 지나 상원사로 가는 윗버등 초입에 아름드리 산사나무가 있었다. 회백색의 껍질이 반지르르한 굵은 밑동은 어른 키 높이쯤에서 두 갈래로 갈라졌다가 다시 여러 가지로 뻗어나갔는데, 멀리서 보면 그 수형이 어린 왕자의 별에 자라는 바오밥나무처럼 단정했다. 동네 어른들이 어릴 적에도 지금과 똑같은 모습이었다는 이 산사나무를 경계로 위쪽은 논이고 아래쪽은 밭을 이룬 널따란 개활지였다. 밭머리 끝에 곳집(상엿집)이 하나 있을 뿐 주변에 인가나 변변한 나무 한 그루도 없어서 더욱 눈에 띄는 나무였다. 동네 어른들도 이 나무를 노인나무라 부르며 경외감으로 대하곤 하셨다.

　　산사나무 주변의 논과 밭이 우리 농토였다. 이곳은 우리 소유의 밭 중에 가장 이랑이 길었지만 중간중간 옛 집터의 돌담과 깊이 박힌 바윗돌이 있었다. 지형이 이렇다 보니 아래에서 위로 올려 갈아 '치갈이밭'이라는 별칭이 붙어 있었다. 늦둥이인 나는 어릴 적부터 부모님이 치갈이밭의 밭일을 하시는 동안 산사나무 아래에서 무료한 시간을 보냈다. 바로 옆을 흐르는 봇도랑에 풀줄기 이삭을 뽑아 물레방아를 걸기도 하고 잠자리를 잡아 날개를 자르고는 이름 모를 벌레와 싸움을 시키기도 했다. 그러다 학교를 마친 누나가 어머니께서 미리 준비해두셨던 새참을 가지고 오는 기척이 나면 내 눈에는 생기가 돌았다.

새참은 보통 찐 감자나 옥수수, 보리개떡에 물김치였다. 이것을 산사나무 아래에 펼쳐놓으면 아버지께서는 이마에 송글송글한 땀을 봇도랑에 씻은 후 음식 한 귀퉁이를 떼어 산사나무에 고수레를 하셨다.

껌뻑껌뻑 눈알만 굴리며 혼자 시간을 보내던 꼬맹이는 그제야 살판

이 났다. 다리를 받쳐달라고 졸라 산사나무 위에 올라가서 벙어리매미를 잡거나 묵은 새집 안에 든 익지도 않은 산사 열매를 가득 따곤 했다. 그러다 그것도 싫증나면 밭머리의 돌담 너머에 무더기를 이루고 있는 불개미 집들을 쑤시러 간다.

흙과 마른 솔잎을 이용해 작은 무덤만 하게 지어놓은 불개미집 주변은 이따금 한가로운 불개미의 행렬이 지나갈 뿐 보통 잠잠하다. 그러나 꼬챙이로 출입구를 쑤시면 여기저기서 몰려나온 불개미들이 금세 주변을 새빨갛게 메운다. 손톱 길이만 한 크기지만 아주 빠르고 공격적이었다. 게다가 불개미에는 독이 있어, 물리면 금방 피부가 붓고 쓰라려오기 때문에 어른들은 불개미에게 많이 물리면 죽을 수도 있다고 말씀하셨다. 서너 개쯤 되는 불개미집을 차례로 쑤셔놓고 누나와 나는 재빨리 바로 앞 돌담 위로 피신을 한다. 잠시 뒤 주변을 새빨갛게 뒤덮은 불개미 떼의 위용에 "와, 엄청나다!"를 연발하며 돌을 던져대고는 했다.

"저기 가보자."

불개미떼로 놀란 가슴이 채 가라앉기도 전에 둘이 의기투합해 가는 다음 코스는 곳집이었다. 밭머리께의 허름한 초가지붕에 절반쯤만 판자로 벽을 둘러 세워 안쪽에 꽃상여와 장식 등 여러 장례기구를 넣어둔 곳이었다. 사람의 출입이 거의 없다 보니 입구가 덤불로 어지럽게 덮여 있었다. 우거진 딸기덤불을 헤치고 다가가, 너덜거리는 널빤지 틈새로 안쪽을 들여다보는 것이 그때는 커다란 모험이었다.

"야, 도망쳐!"

두근거리는 가슴으로 곳집에 다가서는 순간 한발 앞서 얼핏 들여다 본 누나의 외마디 소리에 길이고 돌담이고 가시덤불에 긁혀가며 죽자 사자 내려뛰었다. 허겁지겁 다다른 산사나무 아래에는 정적만이 감돈다.

"뭔데?"

"문데이(문둥이)였던 거 같아."

"살아 있어?"

"움직였어. 너 앞으로 거기 얼씬두 말어."

"아부지한테 말하자."

"안 돼. 괜히 혼나기만 할걸."

한여름의 산간 지방 날씨는 예측을 불허한다. 느닷없이 먹구름이 몰려오는가 싶더니 굵은 빗방울이 떨어져 후드득 후드득 산사나무 잎에 부딪는다. 빗소리가 커지면 그제야 키보다 웃자란 옥수수 밭이랑 속에서 나타나시는 아버지와 어머니. 굵어진 빗방울을 산사나무 아래에서 피해보시다가 그칠 기미가 안 보이면 비를 맞으면서 봇도랑에 농기구를 씻는다.

"허어, 오늘 일은 시쁘구면.*"

비를 맞으며 집으로 가는 길에 나는 늘 아버지의 지게 바소쿠리에 올라앉았고 갈래머리 누나는 새참을 내오던 쟁반을 머리에 이고 뒤따랐다. 쟁반으로 비를 피하면서 누나는 지게에 올라앉은 나를 향해 시샘하듯

* 양에 차지 않음.

혓바닥을 날름거리면서도 통통통 빗방울 부딪는 소리가 재미있다며 웃었다. 다함께 비를 맞으며 집에 돌아가던 우중 행렬 속 아버지의 노랫가락에 이따금씩 지겟다리를 두드려 장단을 맞추었다. 지게작대기의 둔탁음 뒤로 빗속에 희끄무레 멀어지던 산사나무.

내가 조금 큰 뒤에는 여름방학이 되면 이 치갈이밭에서 감자를 캤다. 날카로운 옥수수 잎에 살갗을 스쳐 베이기도 했는데, 툭하면 일어서서 두리번대다가 아버지께 "일하기 싫은 놈이 밭이랑만 센다"는 핀잔을 들었다.

아버지가 돌아가신 후 내 학비를 위해 어머니께서 주변 농지를 헐값에 처분한 뒤로는 그 산사나무도 잊고 지냈다. 내가 군대에서 시린 청춘을 보내던 1982년 뒤늦게 그 나무의 가치를 알게 된 원성군에서 '군 보호수'로 지정해 초라한 팻말 하나가 달랑 세워졌는데, 땅 주인이 또 바뀌며 어느 순간 사라져버렸다. 하지만 아직도 각종 기록상에는 '성남리의 산사나무'로 남아 있어 가끔 관심 있는 사람들이 그 장소를 물어오곤 한다.

산사나무는 장미과의 낙엽활엽교목으로 우리나라와 중국의 산지부터 유럽에 걸친 지역에 널리 분포한다. 5월에 피는 흰 꽃은 다섯 장의 둥근 꽃잎에 붉은 꽃술이 포인트가 되어 무척 정갈한 느낌을 준다. 또한 그 향도 좋아서 서양에서는 신부에게 산사나무 꽃으로 화관을 만들어 씌워주기도 하고, 들러리가 산사나무 가지를 들기도 했다.

끈적하고 비릿한 밤꽃 냄새가 남성의 향기라면 향긋한 산사나무 꽃

산사나무 꽃

향기는 여성의 체취에 견주어진다. 이는 아마도 당棠이라는 나무의 꽃을 말려 여인들의 향주머니를 만들었던 『시경』에 나오는 풍습에서 유래한 것으로 보인다. 그러나 여러 기록을 함께 살펴볼 때 중국의 기록에 등장하는 당체棠棣, 해당海棠 등의 표현은 해당화나 수서해당 등을 함께 지칭하기 때문에 반드시 산사나무를 의미한다고 보기는 어렵다.

　산사나무의 어린 가지에는 가시가 있어 중국이나 유럽의 일부 지방에서는 벽사辟邪의 뜻을 두어 생울타리 용도로도 많이 썼다. 또한 서양에서 산사나무는 성스러운 나무로 여겨진 흔적을 찾아볼 수 있다. 예수의 가시면류관을 만든 나무의 한 종으로 거론되기도 하고『구약성서』에서 아론의 지팡이Holythorn(성스러운 가시나무)로도 등장한다. 영국에서는 산사나무를 5월에 꽃을 피우는 대표주자쯤으로 생각했던지 '메이플라워May Flower'라는 이름으로 부르며, 이는 그대로 1620년 신대륙을 향한 청교도 최초의 이민선 이름이 되기도 했다.

　　목재로서의 산사나무는 조직이 치밀하고 단단하여 다식판을 만들거나 목침 등을 만들어 썼으나 크고 곧은 것이 드물어 활용도는 미미한 편이다.

산사나무 열매

이 나무에서 가장 두드러지는 것은 산사자山査子라 불리는 붉은 열매다. 산사山査나무의 한자 표기를 보면 산속에서 해가 뜨는 형상을 하고 있는데, 이 열매의 모습 때문에 붙은 이름인 듯하다. 산사나무 열매는 『본초강목』이나 『동의보감』 등에 건위제나 소화, 정장제 등 약재로 기록되어 있다. 또한 민간에서는 고기를 먹고 난 뒤 체기가 있을 때 활용했으며 중국에서는 열매가 큰 것을 익혀 후식으로 먹기도 한다. 국내 주조회사에서 이 열매로 술을 빚어 상품화하기도 했으니 이래저래 인간에게 널리 이로운 나무다.

산사나무는 『훈몽자회』에 '아가외'라는 표기로 우리말 이름을 빼꼼 내밀었다가 아가위로 변화되어 오늘에 이른다. 이 때문에 당棠 자가 '아가위 당'으로 이름이 붙게 되었는데, 이는 중국의 다른 여러 기록에 나오는 당棠을 모두 산사나무로 번역해버리는 오류를 부르기도 했다.

아가외의 어원은 팥배나무를 남부 지방에서 아그배나무라 부르듯 우리말 '외(참외, 외앗 등)' 형태의 작은 열매를 가리킨 것일 수도 있고, 소화에 쓰이는 약재의 효능으로 볼 때 젖을 먹고 체한 아기나 고기를 먹고 체한 위장을 다스리는 열매라는 의미로 짐작해볼 수도 있다.

아론의 지팡이에서 예수의 면류관, 금세기의 패권국인 미국을 시작케 한 이민선의 이름까지, 세계적으로 유구한 역사와 폭넓은 효능을 가진 나무다. 그러나 역시 내 기억 속 산사나무는 아버지의 지게소쿠리 위에 앉아 듣던 빗속의 지게작대기 장단과 함께 멀어져가던 노인나무의 모습으로 남아 있다.

근대화와 함께 자란
미루나무

미루나무 꼭대기에
조각구름이 걸려 있네.
솔바람이 몰고 와서
걸쳐놓고 도망갔어요.

내가 초등학교 저학년 때 배운 노래 속 미루나무는 적어도 주변이 산으로 빙 둘러싸인 산병풍마을의 아이들에게는 문명 세상으로 나가는 관문 같은 상징적 존재였다.

초등학교 고학년쯤 되면 비로소 몇 녀석이 부모님을 졸라 시오리 밖 면내에 서는 오일장에 따라가는 데 성공한다. 그러면 다녀온 아이들은 시장 거리에 신작로가 끝없이 이어져 있다거나 철마괴물(기차)을 멀리서 보기만 했는데도 바람에 빨려들 뻔했다는 이야기를 전해주곤 했다. 비가 오는 날 밤이면 치악재를 힘겹게 오르는 디젤 열차의 기관 소리와 동굴 속으로 빨려드는 듯한 기적 소리가 저기압에 눌려 진동으로 전달되어왔다. 그럴 때마다 나는 귀동냥으로 듣던 세상에 대한 호기심과 동경으로 뒤척였는데 그러다 잠이 들면 여지없이 철마괴물에 쫓기는 꿈을 꾸곤 했다.

어느 여름의 장날 네댓 명의 동네 친구와 의기투합해 처음 면내에 내려갔던 내게 가장 강렬한 느낌으로 다가온 것은 철마괴물도 인파로 북적대는 장터도 아니었다. 널따란 길 양편에 커다란 미루나무와 함께 끝없이 이어지던 신작로(5번 국도)였다.

성황림마을에서는 들어보지 못했던 쓰르라미와 말매미 소리와 함께 노래 가사처럼 조각구름이 걸려 있을 법한 높다란 미루나무가 서 있었다.

전혀 다른 세상으로 이어질 것 같던 그 길로 이따금씩 자동차들이 흙먼지를 일으키며 지나갔다.

제천장에 농우소를 사러 가셨던 아버지도, 용수막에 항아리를 사러 가셨던 어머니도 걸었을 길, 신림 역전에서 누에고치를 팔고는 당숲 어귀에서 눈이 빠지도록 부모님을 기다릴 오누이를 생각하며 두 분이 함께 발길을 재촉하셨을 미루나무 길.

미루나무는 버드나뭇과의 낙엽교목으로 '미국에서 온 버드나무'라는 의미로 미류美柳나무라 불렸으나 단순한 형태를 표준어로 삼는다는 규정에 따라 '미루나무'가 되었다. 우리나라에 들어온 시기는 대대적 토목공사가 이루어지던 즈음인 듯하다. 절개지 사방용으로 심긴 아까시나무와 비슷하게, 땔감 채취로 황폐화된 야산이나 길가에 빠르게 숲을 조성하기 위해 일제가 도입한 종으로 추정된다. 일제강점기에 개통된 철도역 주변에서도 거의 그 역사驛舍와 수령을 같이하는 미루나무를 볼 수 있으며, 서대문 형무소에 있는 '통곡의 미루나무'도 이와 관련된 흔적이라 할 수 있다.

미루나무 사이로 보면
고향마을이 보인다
박자 틀린 동요와
말매미 소리가 들린다

가늘어 질기게 이어지는
역사보다 호사스런 그 숱한 전설에
해마다 보태지는
채송화빛 슬픈 얘기

햇살과 바람이 손잡고 모여들어
잎자루가 길어서 목이 긴 아이들과
풍금 치는 여선생의 산 아래 국민학교
자전거 타고 달려가는 미류나무길 청년

이삭 줍다 먼 눈으로 짚어 보던 풍경화
미류나무가 없어졌다
내 고향이 없어졌다
나의 재산이 없어졌다

— 유안진, 「미류나무」

시에서처럼 이 나무는 고향과 학교와 풋풋한 시절을 떠올리게 하는
존재다. 그러나 동시에 그렇게 친근한 기억으로 남아 있다가 어느 날 갑
자기 베여버리는 나무이기도 했다.
꺾꽂이를 해도 뿌리를 잘 내리는 붙임성을 가진 속성수라는 특성 때

문에 미루나무는 가시적인 성과를 내고 싶었던 공무원들의 주목을 받았다. 그렇게 미루나무가 정책적으로 보급 장려되어 가로수 1세대로 잔뜩 심겼고, 이후엔 이태리포플러란 이름의 개량종이 그 자리를 차지했다. 이태리포플러는 학교나 단체의 식목일 행사에 단골로 등장하는 수종이었다. 빠른 속도로 성장한 이 나무들은 곧 학교나 군부대 같은 공공건물 주변을 빼곡히 채웠다. 그러다 보니 지나치게 그늘이 지는가 하면 가을마다 무수한 잎을 떨구어, 비질에 신물 난 청춘들의 원성을 듣는 애물단지가 되기도 했다.

어디에나 넘쳐나니 용도도 생겨난 걸까? 대량으로 심겨 아름드리로 성장하기까지 꽃도 열매도 눈길을 끌지 못하던 미루나무가 우리 역사 속에서 오랫동안 민초 곁을 지켜온 분야가 있다. 바로 일회용 젓가락과 성냥개비 그리고 나무도시락이다. 속성수라 목재의 재질은 무르나 버드나뭇과의 특성대로 무취에 무독성이라 음식을 포장하는 용도에 주로 쓰였다. 그밖에도 펄프 용재나 톱밥 형태의 가공을 거쳐 건축재나 땔감 등으로 사용되었다.

포플러 나무 아래 나만의 추억에 젖네
푸른 하늘이 슬프게만 보이던 거리에서

1994년 깜찍한 모습으로 등장한 이예린의 노래에는 미루나무의 개량종인 포플러나무가 등장한다. 엡트 강변을 걷던 클로드 모네를 매료시

모네, 엡트 강변의 포플러 나무, 1891년.

켜 20여 편의 연작을 탄생시킨 나무도 포플러였다.

　내게 있어 미루나무는 산병풍마을로부터 문명 쪽을 향해 끝없이 이어져 있던 5번국도를 처음 보던 때의 경이로움과 함께 내가 자랄수록 점점 작아지시던 노인 아버지를 떠올리게 한다. 어린 날의 기억에 이래저래 가슴이 알싸해오는 그런 나무다.

열일곱 춘덕 엄마의 유일한 혼수
감나무

춘덕이 엄마는 시집올 때 친정인 경상도 어디께서 감나무 한 그루를 가져왔다. 열일곱 어린 나이에 시집을 와서 약초꾼인 남편이 산에 가면 늘 어린 춘덕이를 등에 끄려 업고는 마당을 왔다갔다했다. 그러다 가끔씩 발돋움을 하고 돌담 너머로 마을 동정을 넘겨다보곤 했다.

그 어린 새댁이 약초꾼인 곰보 흥식에게 시집을 오게 된 사연이 참으로 갸륵하다. 6·25전쟁이 끝나고 성황림마을에 큰 규모의 산판이 있던 무렵 흥식과 연식 두 형제는 산판일을 따라 들어왔다. 훗날 직접 들은 본인의 표현을 빌리면 "전 재산이라고 달랑 항구(군용 반합) 하나씩과 불알 두 쪽씩 차고 들어와" 산판일로 모은 돈으로 절골 초입의 허름한 초가를 얻어 살기까지 고생이 이만저만이 아니었다고 한다. 곳집(상엿집)에서 자기도 하고 산판에 설치한 천막에서 생활하기도 하며 어렵사리 정착 기반을 다져나갔다.

산판일이 끝나자 약초꾼으로 변신한 두 형제는 날마다 주루막을 지고 산에 올라 약초를 캐 들였다. 마당에 펼쳐놓은 빵대발 위에는 늘 천마에 삽주, 당귀, 천남성과 오배자 그리고 썰어서 널어놓은 복령 등 약재가 가득했다. 신림장과 제천장에 그것들을 내다 팔아 얼마간의 돈을 모으자 형인 홍식이 먼저 장가를 들었다. 누군가가 주선하여 경상도 어디의 신부 집에 얼마간의 대가를 치르고 신부를 들인 모양이었다. 스무 살쯤 되었던 이 신부는 나름의 기대 속에 성황림마을로 들어와 처음으로 신랑이 될 홍식을 보게 되는데, 심하게 얽은 곰보에다 나이도 서른이 훌쩍 넘은 것을 알고는 하루 만에 어디론가 도망쳐버렸다.

홍식은 중매자를 앞세우고 신부 집으로 찾아가 딸을 찾아 데려오든 지 돈을 돌려줄 것을 요청했다. 용처가 있어 이미 돈을 써버린 신부네 집 의 딱한 사정은 서로를 난감하게 했다.

"제가 대신 갈게요!"

인연은 따로 있었던 걸까? 도망친 딸을 찾아내지도 돈을 돌려주지도 못해 어쩔 줄 몰라 하는 부모님을 보다 못해 신부의 동생이 뱉은 한마디에 홍식 일행은 물론 그 부모님들도 놀란 듯했다.

그리하여 졸지에 막 열일곱 살 된 처녀가 홍식의 아내가 되어 성황림 마을에 오게 되었다. 외양이 곱상했던 어린 아내는 부지런한 데다 힘도 좋았다. 마당질한 콩팥 가마를 직접 들어다 툇마루에 쌓아올리기도 했고 장 사꾼이 약초를 사러 오면 약초자루를 꿴 묵직한 저울대 한쪽을 들어주며 계량을 도왔다.

곰보 홍식은 연일 신이 나서 산을 오갔고 이듬해엔 아들 춘덕이를 낳았다. 이로써 두 사람은 호칭 앞에 늘 따라붙던 '곰보'를 떼어버리고 어엿한 춘덕이 아버지와 춘덕이 엄마가 되었다.

동네 대소사나 명절 풍물놀이 때도 담 밖을 거의 나오지 않았던 춘덕이 엄마였지만 울 밖의 나무를 돌볼 때만은 사립문을 열고 나왔다. 시집올 때 친정집에서 가지고 와서 심은 나무였다.

"이게 무슨 낭구래요?"

어느 날 닭이 파헤치지 못하도록 나무 둘레에 마른 나뭇가지를 꽂고 있는 춘덕이 어머니에게 물었다. 춘덕이네서 얼마 떨어지지 않은 냉면집 공터에서 비석치기에 땅따먹기로 왁자지껄한 하루 일과를 접고 집으로 돌아가던 길이었다.

"되렌님, 이건 곶감을 만드는 감이 열리는 나무라예."

대답하고는 흙투성이인 우리 꾸러기들을 향해 살포시 미소를 지어 주었다.

그러나 이 감나무는 몇 해가 지나도 더 이상 자라지 않았다. 춘덕이 엄마의 지극정성 때문인지 죽지는 않았으나 가져올 때와 같이 줄곧 어른 키 반만 한 채였다. 해마다 묵은 그루는 죽고 옆에서 새 그루가 올라와 자랐

약초 주루막

감나무와 고욤나무 열매

는데 속사정은 알 길 없지만 날이 갈수록 이 감나무를 바라보는 춘덕 엄마의 눈길에 슬픔이 어리는 듯했다.

호사다마好事多魔라 했던가? 곰보 흥식이 약재 중엔 산삼 다음으로 값이 좋은 천마줄기를 만나 주루막에 가득 채워 산에서 돌아오던 어느 해 봄날이었다. 집에 와보니 아내는 없고 네 살배기 춘덕이만 덩그마니, 배가 고파 울고 있었다. 무언가를 예감한 흥식은 그 길로 시오리 밖의 신림역으로 냅다 뛰었다가 올라오면서는 이 집 저 집 수소문도 해봤지만, 아침녘에 약초자루를 이고 신작로를 내려가더라는 얘기뿐 아내의 흔적은 더 이상 찾을 수 없었다.

"애가 있으니 언젠가는 오겠지."

"여자가 애를 두고 갈 정도면 절대 오지 않는다."

두런두런 동네 사람들의 수군거림 속에서도 흥식은 늘 사립문을 열어놓고 아내를 기다렸다. 두 사람은 춘덕이가 초등학교를 졸업하기까지 이사도 하지 않고 그 집을 지켰지만 춘덕 엄마는 감감 무소식이었다. 감나무는 춘덕이 엄마가 집을 나간 몇 해 뒤까지 새순이 올라오길 되풀이하다가 죽어버렸고 흥식은 그 자리에 같은 감나뭇과인 고욤나무를 구해다 심었다.

고욤나무는 무럭무럭 커서 가을이 되면 꽈리만 한 고욤이 주렁주렁 열렸다. 그러다 춘덕이가 중학교에 들어가던 해, 분화장을 진하게 한 춘덕이 엄마가 밤중에 몰래 와서 춘덕이를 만나고 갔다는 얘기가 돌았다. 그리고 얼마 지나지 않아 흥식은 그 고욤나무를 베어버리고 동네를 뜨고 말았다.

감나무는 추위에 약해 우리나라에서는 동해안의 양양과 황해도 해주쯤을 북한계선으로 하지만, 내륙 산간 지방이라면 그보다 훨씬 남쪽에서도 자라지 못한다. 감나무는 중국과 우리나라, 일본에 분포하는 감나뭇과의 낙엽활엽교목이다. 보통 10미터 이상 자라는데 씨앗이 우량의 품성을 후대에 전하지 않기 때문에 우량종의 가지를 접붙여서 키워야 좋은 품질의 과실을 얻을 수 있다.

6세기 전반에 간행된 중국 최고의 농업기술서인 『제민요술』에 "감나무는 번식에서 대목으로 고욤나무를 쓴다"고 기록되어 있고 우리나라 기록으로는 1138년 고려 인종 때 "고욤나무를 재배했다"는 내용이 있다. 이후 조선 초기에 감이 주요 진상품 목록이었고 성종 대의 기록에 '건시' '수정시' 등이 언급되니, 감이 우리 생활에서 중요한 과일로 등장한 역사가 짧지 않음을 짐작해볼 수 있다.

감은 익기 전에는 떫은맛이 나는 홍시와 일본을 원산지로 하는 단감 그리고 열매가 작으며 추위에 조금 더 강한 고욤이 있는데 '고욤 일흔이 감 하나만 못하다'는 말에서 보듯 열매가 작은 고욤은 주로 감나무의 대목으로 여겨졌다. 떫은맛이 있는 생감의 껍질을 깎아 말린 것을 곶감이라 하는데 '곶'은 '꽂이'의 옛말로 나뭇가지에 꽂아 감을 말렸던 데서 유래된 말이다.

감은 '달다'는 뜻의 '甘'이다. '계속 울면 호랑이가 온다'고 해도 울음을 그치지 않던 아이가 '곶감이다' 했더니 울음을 뚝 그쳤다는 옛이야기가 있다. 밖에서 듣고 있던 호랑이가 '곶감이 그렇게 무섭단 말인가?' 하곤 꽁지가 빠지도록 도망을 갔다는 이런 우스개 이야기나 '꼬치에서 곶감 빼 먹듯' 같은 속담 모두 감의 달콤한 맛 때문에 생겨난 것이다.

감의 한자어는 시柿다. 일찍이 우리 조상들은 조율이시棗栗梨柿라 하여 대추, 밤, 배와 함께 감을 제사상에 빠뜨리면 안 되는 과일로 꼽았다. 또한 익은 감을 모두 따지 않고 새들이 먹을 수 있도록 드문드문 남겨놓는 '까치밥' 문화는 자연 속에서 나눔의 삶을 실천한 흔적이다.

감은 과실로서뿐 아니라 염색이나 약재 또는 목재로서도 유용했다. 제주에서는 예로부터 풋감을 이용해 물들인 옷을 '갈옷'이라 불렀는데 이는 카키색이라 부르는 황갈색의 원조일지도 모를 일이다. '카키'는 감나무의 종소명種小名인 카키かき, 즉 감나무의 일본 이름이니, 백제가 전한 여러 문화 중에 갈옷이 포함되었을 가능성도 충분히 생각해봄 직하다.

감나무 잎은 유익한

감나무로 만든 이층장
20세기 초. 온양민속박물관 소장.

성분이 많아 부각이나 차로 먹기도 하고 감꼭지와 함께 한방에서 딸꾹질, 동상, 중풍, 염증, 숙취 등에 약재로 쓰기도 한다. 목재로서의 쓰임새도 만만치 않다. 특히 심재에 먹으로 선을 그어놓은 듯한 먹감나무를 '흑단'이라 하여 최고의 가구재로 치는데 그 무늬를 살려 장롱이나 악기, 다탁茶卓 등을 만든다.

감나무는 잎이 넓어 글씨 쓰기에 좋으므로 문文이 있고, 단단하여 화살촉의 재료가 되므로 무武가 있으며, 그 열매의 겉과 속이 똑같이 붉으니 충忠이 있고, 서리 내리는 늦가을까지 열매가 달려 있으므로 절節이 있으며, 치아가 없는 노인도 홍시를 먹을 수 있으니 효孝가 있다 한다. 이렇게 문무충절효文武忠節孝의 오절을 갖추었다 하여 예로부터 예찬을 받아온 나무다.

중국 당나라의 이야기책인 『유양잡조』에 언급된 감나무의 일곱 가지 덕을 열거해보면 다음과 같다. 첫째 오래 살고, 둘째 좋은 그늘을 만들고, 셋째 새가 집을 짓지 않고, 넷째 벌레가 없으며, 다섯째 단풍이 아름답고, 여섯째 열매가 먹음직스럽고, 일곱째 잎이 크다.

홍식은 몇 해 전 칠십이 넘어 병든 몸으로 성황림마을에 돌아와 동생 연식에게 의지해 몇 달을 살다가 죽었는데 불혹이 다 된 춘덕이 혼자 영정을 지켰다.

성황림의 붉은 행렬
복자기나무

치악산의 이름은 이중환의 『택리지』 등 조선시대의 일부 기록에서 적악산 赤岳山이라고 표기되어 있기도 한데 이는 가을의 붉은 단풍이 아름다워서 붙은 이름인 듯하다.

단풍이라고 다 붉은 것은 아니다. 나무마다 잎이 만들어내는, 혹은 남아 있는 성분에 따라 다른 색을 띠며 물든다. 그럼에도 치악산이 이름에까지 붉을 적赤이 붙을 만큼 가을단풍이 붉은 것은 복자기나무와 당단풍나무, 붉나무, 화살나무 등 붉게 물드는 수종이 유독 많기 때문이다. 그중에서도 치악산 붉은 단풍의 일등 공신은 단연 복자기나무다. 다른 산에는 그리 흔치 않은 이 '단풍의 여왕'이 치악산에는 아름드리의 개체군을 이루어 숲을 형성하고 있다.

천연기념물 제93호 '성황림'의 경우 수십 그루의 복자기나무가 숲의 탄생과 역사를 같이한다. 성황림은 이 개체군을 중심으로 이루어진 복자기나무의 숲이라 해도 과언이 아니다. 주 신목인 한 그루의 전나무와 부신목인 엄나무 주위를 복자기나무가 20~30여 미터 높이로 빼곡하게 둘러싸고 있고 조금 외곽으로 가서야 물푸레나무, 피나무, 층층나무, 느릅나무, 신갈나무 등이 끼어 구색을 맞춘 형상이다.

복자기나무의 이름 유래는 그 어디에서도 찾을 수 없다고들 한다. 산간마을에서 자란 민초의 얕은 지혜로는 '상주보다 복재기가 더 섧어한다'는 우리 속담을 한번 대입해봄이 어떨까 싶다.

'복재기'는 상주 이외의 일가친척을 일컫는 복인服人을 일반적으로 낮추어 부르는 말인데, 주인도 아니고 그렇다고 구경꾼도 아닌 어중간한 관계자 위치에 있는 존재다. 우리 산의 주역이 소나무나 참나무쯤이라 한다면 복자기나무는 산의 조연이다. 그러면서 가을이 되면 제가 유독 생색을 내어 붉어지는 것이다. 수피의 외양도 생활에 여러모로 쓸모가 많은 박달나무의 너덜너덜한 형태를 닮긴 했는데 어딘가 부실하고, 목재의 성상마저 단단하기는 한데 박달나무만은 못해 개박달이나 나도박달이라고 불리는 복자기나무. 이런 어중간한 위치가 상갓집 복재기와 동병상련의 이미지로 와 닿는다.

성황림은 주민의 설계에 의해 구성되고 만들어진 숲이다. 이를 고려해보면 성황림의 나무 배열은 신을 향해 인간의 바람을 전달해주는 '상주' 격인 신목 주위에 읍소한 '복재기'들의 행렬인지도 모른다.

무환자나무목 단풍나뭇과의 낙엽활엽교목 복자기나무. 붉은색이 아름답기로는 단풍 중에서도 제일이라는 데 이견이 없을 정도이며 일본에

서는 이 단풍의 아름다움이 귀신의 눈병을 고칠 정도라고 해서 '귀신의 안약나무'라고 불린다. 느리게 성장하는 만큼 목재도 단단해서 써레나 떡메 등 농기구와 생활용품으로 쓰였으며 최근에는 고급 가구나 악기, 무늬 합판 등으로 인기가 있다.

복자기나무는 단풍나무 열매보다 커다랗고 날개가 달린 열매를 맺는다. 어린 시절, 단풍이 지고 가을바람에 언뜻언뜻 북풍이 실려올 무렵 당집 앞마당에 모여 놀이에 열중하다 보면 갑자기 쏴아 하며 바람이 불어온다. 그러면 높다랗게 자란 복자기나무에 달린 수많은 열매가 헬리콥터의 행렬처럼 일제히 빙그르르 돌며 비스듬히 날아 내렸다. 그 장관이 펼쳐지면 놀이고 뭐고 중단이다. 저마다 고개를 쳐들고 그놈들을 붙잡으러 달려가다가 길옆에 누군가 장난으로 묶어놓은 풀줄기에 걸려 나뒹구는 놈에, 어떤 녀석은 제 팔을 날개처럼 펴고 나는 시늉을 하기도 했다. 바람이 뜸해 열매가 떨어지지 않을 때면 높다란 가지를 향해 일제히 돌팔매질을 하기도 하였다.

"참이야, 이 나무가 아빠 어릴 적에 말타기를 하고 놀던 복자기나무란다."

"아, 진짜? 이렇게?"

어느 여름날 당집 마당가에 옛 모습 그대로 서 있는 굽은 복자기나무를 가리키며 어릴 적 얘기를 해주었다. 달려가서 덜렁 말타기 하듯 올라앉는 막내에게서 내 잃어버린 동심을 본다. 가만히 눈을 감으면 당숲 마당에 불던 바람 사이로 아이들의 왁자지껄한 함성 소리가 들려올 듯한 나무다.

봄이 오면 내 뿌리의 피눈물을 먹어라
고로쇠나무

나는 너희들의 어머니니
내 가슴을 뜯어가 떡을 해먹고 배 불러라
나는 너희들의 아버지니
내 피를 받아가 술을 해먹고 취해 잠들어라
나무는 뿌리만큼 자라고
사람은 눈물만큼 자라나니
나는 꽃으로 살기보다
꽃을 키우는 뿌리로 살고 싶었나니
봄이 오면 내 뿌리의 피눈물을 먹고
너희들은 다들 사람이 되라

—정호승,「고로쇠나무」

『눈물이 나면 기차를 타라』라는 시집에서 정호승 시인은 이 시대의 고로쇠나무가 되어 인간을 향해 일갈한다. 인간들을 향한 조롱 섞인 원망인지 승화된 사랑인지 모호한 문맥에도 흠칫 오금이 저려오는 것은, 고로쇠나무에 죄 지은 군상으로부터 자유로울 수 없는 시대의 일원이기 때문일 게다.

고로쇠나무는 나무보다 '수액'이라는 말이 더 익숙하게 생활 속에 들어와 있다. 깊은 산에서나 만날 수 있고 수천 년 역사 속에서 딱히 두각을 나타낸 일이 없어 근대 이전의 기록에서는 찾아보기조차 쉽지 않았던 이 나무가 유명세를 타게 된 것은 두말할 것도 없이 매스컴에 부추겨진 건강식품의 광풍 때문이다.

무환자나무목 단풍나뭇과의 낙엽활엽교목 고로쇠나무. 이 나무의 어원이 뼈를 이롭게 하는 골리수骨利樹에서 왔다는 설은 이제 정설로 굳어져 묻고 따질 여지도 없는 듯하다. 여기에 더해 여러 일화도 전해진다. 일설에는 신라와 백제 사이에 일어난 전쟁 중에 신라의 패색이 짙어질 무렵 적군이 쏜 화살이 고로쇠나무에 꽂혔다고 한다. 그때 기력이 다한 병사가 그 자리에서 흐르는 수액을 먹고는 힘이 솟아 전쟁을 승리로 이끌었다는 것이다. 이밖에도 참선을 하던 도선국사가 고로쇠나무를 잡고 일어서려다가 부러진 가지에서 나오는 수액을 받아 먹고 무릎이 펴졌다거나, 어떤 지역에서는 한술 더 떠 변강쇠의 쇠한 기력을 보강한 최고의 명약이었다는 얘기까지 떠돈다. 식물의 유래에 으레 따르는 그렇고 그런 전설이겠거니 하지만, 첨단과학의 시대라 하는 현대에 와서 뱀장수 약장사 시절의 우스개보다도 못한 이런 논리를 실제 약효라 믿고 솔깃해들 하는 것은 무슨 조화인지, 참으로 모를 일이다.

정통 본초서라 할 수 있는 『본초강목』이나 『동의보감』 등에서 고로쇠나무는 지금축地錦蘗이라 하여 그 껍질을 혈액순환장애로 생긴 팔다리의 부종과 타박상, 골절 등에 쓴다고 소개될 뿐 수액의 효능이나 처방에 관한 내용은 찾아볼 수 없다. 다만 근대 이후에 간행된 한방의학서에 고로쇠나무의 수액을 풍당楓糖이라 하여 위장병, 폐병, 신경통, 허약 체질, 관절염, 치질에 약용한다"는 기록이 있으며 민간에서 소화불량이나 소갈병(당뇨)에 좋은 음료로 이용한 흔적 정도를 찾을 수 있다.

단풍나무 수액을 끓여 당도를 높인 캐나다의 메이플시럽maple syrup이 식품첨가제 정도인 것을 생각하면 단풍나무 종류의 수액은 당류가 들어 있는 이온음료 이상도 이하도 아니다. 그런 것을 건강음료로 홍보해서 무리하게 채취하는 것을 보면 염려가 앞선다. 광활한 땅에 수액 채취를 위한 수림을 인공적으로 조성하여 농장화한 캐나다와 달리 우리나라는 좁은 국토

써레, 농업박물관

의 깊은 산속에
서 드물게 수십
년 이상 자생해온 노
거수들에 해마다 구멍을 뚫
어 수액을 뽑아내니 말이다.

고무래

골리수가 고로쇠로 변했다는 말
또한 가당치 않다. 대개의 음운 변화
는 발음하기 쉬운 쪽으로 변하는데 발
음도 어렵고 본래의 의미가 무색해지는 '고로쇠'로 변화했다는 것은 억지
스럽다. 오히려 사대가 일상적이던 조선 중후기에 순우리말 고로쇠를 발
음이 비슷한 한자로 표기하려다 보니 골리수가 되었다는 쪽이 설득력이
높다.

고로쇠나무는 단풍나무 종류 중에 우리나라에서는 가장 곧고 크게
자라는 나무다. 우리의 전통 농기구 가운데 물속에서 쓰거나 널빤지 형
태로 쪼개서 만들어야 하는 것이 몇 종류 있는데 그 재료로 고로쇠나무가
제격이었다. 덩어리진 흙을 두드려 으깨면서 땅을 고르며 씨앗을 묻는 고
무래, 물 댄 논을 고르는 써레의 발, 그리고 모심기 전에 써레발 앞에 대
고 평탄작업을 하는 커다란 널빤지인 번지가 그것이다. 물에 강해야 하는
써레와 쟁기는 대개 참나무로 만들었지만 물속에서도 경도가 요구되는
써레발과 널빤지 형태로 만들어도 쉽게 갈라지지 않아야 하는 번지를 만
드는 데는 고로쇠나무만 한 것이 없었다. 그러고 보면 고로쇠나무는 논과

밭을 평평하게 '고르는 쇠'처럼 단단한 나무이거나, '이 나무는 쟁기 매어 땅 고르세!'쯤의 농사타령에서 온 이름인지도 모르겠다.

고로쇠나무는 경도와 탄력성이 좋은 데다 두께가 고르게 쪼개지니 가공이 용이하여 대단히 유용한 목재였다. 대관령을 비롯한 산간 고랭지에 발달한 눈썰매와 발구*를 만드는 재료의 원조이며 일반적인 야구배트를 만드는 물푸레나무보다 경도가 높아 배리 본즈나 이승엽 같은 거포들의 특수 배트 재료로 쓰인 것으로 유명하다. 목수이신 나의 아버지는 이른 봄 못자리를 마치면 곧 다가올 모내기에 대비해 지난해 농사 때 다락논의 돌에 걸려 부러진 써레발을 바꾸어 끼면서 늘 말씀하셨다.

"써레발은 단단한 고르세낭구가 제일이지!"

한편 북미에서는 고로쇠나무의 사촌쯤 되는 설탕단풍나무를 일찍이 볼링핀으로 사용했다. 이 단풍나무는 최고의 페치카 장작이기도 한데, 불에 탈 때 튀지 않으며 불꽃의 색깔이 아름답기 때문이라 한다. 불꽃의 색깔은 온도에 따라 다르니 목질부의 경도로 미루어 보건대 어쩌면 단풍나무 종류로 숯을 만들면 참나무보다 더 높은 온도의 불꽃을 낼 수 있

발구

을 듯도 하다.

아버지는 마당 한켠에 대장간을 차
려놓고 농기구나 목수 일에 쓸 연
장을 직접 만들거나 벼리곤 하셨
다. 간단한 이웃 일을 맡아 하
기도 하셨는데 나도 가끔씩
물푸레나무로 손잡이를 한
풀무 앞에 앉아 풀무질을 돕
곤 했다. 화덕에 쓰는 숯은 참

풀무

나무숯이 대부분이었지만 이따금씩 아버지는 깊숙이 보관했던 다른 종
류의 숯을 사용하셨다. 그땐 미처 물어보지 못했는데 그 후 단풍나무 장
작의 우수성을 알게 되면서 혹여 그 숯이 '고로에 쇠를 녹일 때' 사용하는
데서 유래한 '고로쇠나무' 숯은 아니었을까 짐작도 해보았다.

무병장수를 갈망하는 인간들이 억지춘향으로 끌어다 붙인 한자 이
름 때문에 봄마다 '고로운(괴로운)' 고로쇠나무. 그들의 고난이 끝나는 날
이 오기는 할까.

* 눈 위에서 소가 끄는 운반 수단.

민초의 지팡이
붉나무

바람 끝자락에 북풍한설의 매서운 기운이 채 가시지 않은 이른 봄, 언 땅을 뚫고 꽃대를 내미는 복수초나 노루귀를 가리켜 봄의 전령사라 한다. 그렇다면 가을 산의 전령은 무엇일까. 장마와 폭염이 지루하게 반복되던 여름의 끝자락, 햇살에 가을 기운이 서리기 시작할 무렵 우리 산을 군데군데 붉게 물들이는, 그 이름조차 붉은 붉나무가 아닐까.

붉나무는 기관마다 식물상의 분류를 조금씩 달리한다. '무환자나무목 옻나뭇과의 낙엽성'까지는 일치하지만 소교목이니 관목이니 하는 외형상의 분류에서는 제각각으로 취급되는 것이다. 이런 분류상의 혼란이 이 나무의 어정쩡한 섭생을 대변해주는데, 단독 그루로 10여 미터까지 크는 것도 적지 않으니 '중간키나무의 활엽교목'쯤이 적절한 듯싶다.

붉나무는 큰 나무가 밀집한 곳만 아니라면 햇볕이 잘 드는 우리의 산 어디에서나 잘 자란다. 농로 주변이나 산 초입에 병꽃나무나 국수나무 같은 관목 사이로 빼죽하니 고개를 내밀고 있는 것이 바로 붉나무인데,

보통 팔뚝만 한 굵기에 키는 두어 길 된다. 심이 굵고 목질부도 무른 데다 껍질도 얇고 약해서, 연장 없이도 꺾어 들기가 가장 쉬운 나무 중 하나다. 그렇다 보니 생활 속에서 손에 잡힐 적마다 그때그때 임시 용도를 지닌 잡목으로 사람들과 친근하게 어울렸다.

만능 도구인 지게작대기가 없을 때에 뱀이라도 눈에 띄면 농부들이 후다닥 꺾어 들던 막대기가 붉나무 가지다. 부처님께 공양 가는 산길에서 다리가 지치기 시작하면 비탈길 언저리에서 꺾어 짚던 임시 지팡이도 대개 붉나무였다. 묵낫*이나 괭이자루라면 묵직하고 단단한 물푸레나무나 노린재나무가 제격이겠으나, 양낫**과 호미자루는 가벼운 게 최고이니 버드나무나 붉나무를 썼다. 모처럼 친지들이 한데 모인 명절날 임시로 만들어 쓰던 윷가락 또한 가까운 산 초입에 자라던 붉나무였다.

어린 농군으로서 한몫해야 했던 유년 시절, 손때로 반질반질해진 물푸레나무 지게작대기를 잃어버리고는 급한 대로 길가의 붉나무를 잘라 작대기 삼은 적이 있다. 며칠 들고다니니 바짝 말라서 무게감이 거의 없을 정도로 가벼워졌던 기억이 난다. 물론 농부에게 지게작대기의 용도는 단순히 지게를 받치는 것뿐이 아니기에 다시 물푸레나무 가지를 구해야 했다. 가볍기 그지없는 붉나무로는 우리 닭을 해코지하는 개를 쫓거나 함정에 빠진 산토끼를 후려칠 수가 없으니 말이다.

---

* 나무를 자를 때 사용하는 무쇠낫의 강원도 방언.
** 풀이나 곡식을 베는 데 사용하는 낫.

　붉나무는 '북나무'라고 쓰기도 한다. 유년의 기억에 물거리 낫나무*
를 때서 쇠죽을 끓이다 보면 붉나무가 탈 때엔 타닥거리는 소리가 유난히
컸는데, 혹 그 소리를 북소리에 비유한 이름일까? 아니면 워낙 가벼워 북
채나 징채를 만들기에 적당해서 북나무일까? 또 습관처럼 이름의 유래를
생활의 면면에 엮어보지만 '단풍 든 잎이 붉다'에 대적할 만한 해석을 내
놓지 못하고 물러선다.

* 　마르지 않은 손목 굵기 이하의 잡목 땔감.

붉나무는 한자로 염부목鹽膚木, 그 열매는 염부자鹽膚子라 부르기도 하는데 시고 짠맛이 난다 하여 붙은 이름이다. 내륙 지방에 소금이 귀하던 시절, 산지에서 소금을 얻는 방법이 있었다. 벌레에서 얻는 '충염'이 있고 신나물을 뜯어다 독에 재워서 얻는 '초염', 쇠똥과 말똥 등을 태워서 얻는 '분염'이 있다. 그리고 이 붉나무 열매와 표면에 생기는 하얀 결정체를 찧어서 얻는 소금이 바로 '목염'인데 가장 손쉬운 소금 채취법이었다. 이를 간수 대용으로 사용해 두부를 만들기도 했으니, 소금이 열리는 나무라고 표현해도 과언이 아닌 듯싶다.

붉나무에는 오배자나무라는 또 다른 이름이 있다. 오배자 진딧물이 잎자루에 상처를 내면 붉나무는 방어물질을 분비하는데, 이 방어물질이 굳어져 진딧물이 거주할 만한 집이 될 때까지 진딧물의 공격은 계속된다. 이렇게 해서 만들어지는 팽대부를 '충영'이라 하는데 붉나무의 충영을 바로 '오배자'라 한다. 이 부분이 설사, 치질, 출혈 등에 치료 효과가 있어 약재로 쓰기도 하고 탄닌을 많이 함유하고 있어 가죽 가공과 염색에 사용하거나, 혹은 잉크를 만들기도 했다.

붉나무는 예로부터 벽사의 의미가 있어 경사스러운 일에는 쓰지 않았다. 일본에서는 죽은 사람의 관에 금강장金剛杖이라는 붉나무 지팡이를 넣는 풍습이 있고 시체를 화장한 뒤 뼈를 줍는 젓가락도 붉나무로 만든다고 한다. 붉나무 지팡이의 '금강장'이라는 이름은 붉나무에 일체의 번뇌를 불살라버리는 영험이 있다고 하여 불가에서 수행하는 스님들이 지팡이로 만들어 짚고 다닌 데서 비롯되었다. 주로 지팡이로 사용되니 달

오배자

리 호마목護摩木이라 부르기도 했으며 부처를 모신 불단에 붉나무의 진을 바르는 풍속이 있어 일본에서는 붉나무를 '누루데ぬるで'('칠한다'라는 뜻)라 부르기도 한다.

조선 중기에 실학자 홍만선이 지은 『산림경제』에서는 붉나무를 천금목千金木이라 일컬었다. "빈터에 심어놓으면 지팡이를 만들 수도 있고 외양간 근처에 심어놓으면 우역牛疫을 물리친다"고 기록되어 있으니, 여차하면 꺾어 드는 지팡이에서 약재로, 소금으로, 가을 산의 전령으로까지 다양하게 우리 곁에 함께해온 나무다.

고대광실의 기둥이고 궁궐의 악기였으며, 절개와 충절의 상징이자 숭배 받는 신목이었던 많은 나무들이 당대 권문세도가의 상징으로 광영의 세월을 함께하는 동안 민중의 삶 언저리 어디에서나 조연으로 묵묵히 녹아 있던 잡목 붉나무. 만성이 된 해소기침병을 앓으시면서도 병원에는 가지 않겠다던 어머니께 효험이 있을까 하여 궁여지책으로 뒷산에서 꺾어다 달여보던, 내게는 가슴 아픈 기억이 있는 나무다.

헛것을 본 듯
귀룽나무

귀룽나무는 물 가까운 계곡에 잔가지를 아래로 늘인 채 서 있다. 둥그스름한 모양의 커다란 덩치로 눈에 익은 나무다.

이른 봄 가장 먼저 연한 노란빛 잎을 피우지만 정작 꽃이 피는 것은 다른 나무에 비해 늦다. 사촌쯤 되는 벚나무가 복숭아꽃, 살구꽃, 진달래와 더불어 잎보다 먼저 화려한 연분홍 꽃을 피우고 사그라지면 곧이어 배나무, 야광나무, 조팝나무 등 잎과 함께 피는 흰 꽃들이 봄의 향연 2부를 이어간다. 하지만 이때의 잎들은 신록이라 하기에 아직 작고 여려, 화려한 꽃의 존재감에 묻히고 만다.

귀룽나무는 이 흰 꽃들 중에서도 느지막이 꽃을 피우기 때문에 일찍부터 돋아나 무성하고 짙푸른 잎과 온 나무를 뒤덮는 흰 꽃송이가 특이한 느낌의 색 대비를 이룬다. 치렁치렁 무성한 흰 꽃 사이사이로 검푸르기까지 한 잎들의 조화는 마치 뭉게뭉게 피어오르는 구름 같아 어스름 녘에 풍기는 몽환적 분위기에 화들짝 놀라기도 한다.

귀룽나무 꽃

귀룽나무 이름의 어원에 대해서는 흔히 한자표기인 구룡목九龍木에서 음운변화가 되었다고 이야기한다. 하지만 오히려 이 나무의 다른 이름인 '구름나무'를 한자로 표기하려 보니 구룡목으로 변했다고 보는 것이 더 타당할 듯하다. '귀룽'은 귀신이 놀라서 달아난다는 의미에서 붙여진 이름으로 보이는데 실제로 우리 조상들은 귀신을 쫓기 위해 대문 앞이나 궁궐 등에 이 나무를 심기도 했다.

5월에 꽃 피어 6월쯤 까만색으로 익는 버찌 모양의 열매는 새들이 좋아해 영어 이름이 버드체리Bird Cherry다. 잔가지를 꺾으면 나는 특유의 그 냄새를 파리가 싫어해서 다발로 묶어 부엌에 매달아두기도 했다. 열매는 '앵액', 가지는 '구룡목'이라 하여 한방에서는 설사, 체증, 이질, 복통 등에 약재로 사용하기도 한다.

　왕성한 생명력을 몰아서 소진한 탓일까? 귀룽나무의 꽃은 잠시 피었다가 져버리니 꽃이 지고 잎만 무성한 나무 앞에 서면 어제의 눈부신 꽃은 마치 헛것인 듯 황망하다. 여름내 물가에서 햇볕 한 줌 스며들지 못하는 짙은 그늘을 드리워주던 귀룽나무는 가을이 오는 듯싶으면 서둘러 잎을 떨구어낸다. 일찌감치 한해살이를 마감하고, 귀신도 화들짝 놀랄 만한 위용으로 다시 피어날 다음 해의 꽃 잔치를 위한 준비에 들어가는 것이다.

　성황림마을을 흐르는 개울 위쪽에 항아리소가 있다. 상원사 아래에서 발원한 주포천이 상원골 계곡 중간쯤에 용소를 만들고 높은다리쯤에 이르면 전불 계곡에서 나오는 개울물과 합쳐지는데 이곳이 무당소다. 이 무당소의 물줄기가 다시 아래로 흐르다가 본동어귀쯤에서 펑퍼짐한 바위지대를 만나면 또 하나의 완만한 소沼를 이룬다. 가운데의 움푹 파인 물웅덩이가 마치 항아리에 물이 담긴 모양 같아 사람들이 항아리소라고 불렀다.

　마을을 빠져나가는 물길 끝 개활지에 있는 보악소가 동네 아이들의 수영장이라면 움푹 파인 구릉지에 각종 나무들로 뒤덮인 항아리소는 고단한 일을 마친 아낙네들이 빨래도 하고 목간도 하는 장소여서 어두워지

항아리소와 귀룽나무

면 남자들은 근처에 가지 않는다는 암묵적 동의가 있었다.

항아리소로 내려가는 초입에 커다란 귀룽나무가 있었는데 늦은 봄이면 휘영청 늘어진 가지마다 눈이 부실 정도로 흰 꽃을 피웠다. 그 풍성한 덩치에 빈틈없이 빼곡한 꽃이 바람 불 때마다 언뜻언뜻 검푸른 잎을 드러내며 일렁거리는 모습은 보는 이의 탄성을 자아내는 절경을 이루었다. 그 무렵이면 음지쪽 계곡의 얼음물이 거의 빠져 개울물에 발을 담가도 그리 차지 않다. 마침 들녘에 풀도 무성해져서 쇠죽을 끓이지 않으니 쇠죽가마 옆 여벌솥에 늘 넘쳐나던 더운물도 귀해지기 때문에, 일을 마치면 어머니와 누나는 비누통을 들고 항아리소로 향하곤 했다.

동네 친구들과 함께 냉면집 공터에서 당숲으로 몰려다니며 놀다가 날이 어둑어둑해져서야 집으로 돌아온 나는 대문을 들어서기 바쁘게 엄마부터 찾는다.

"엄마!"

어디선가 "오야!" 하는 대답이 들리지 않으면 불안해져서 더 크게 불러본다. 그래도 대답이 없으면 갑자기 으스스한 고목밤나무의 그늘이 무서워져 밖으로 내뛴다.

능숲을 돌아 항아리소 입구의 귀룽나무 아래에 멈춰 큰소리로 또 엄마를 부르고는 귀를 기울인다.

"오야!"

이름 모를 밤벌레의 울음과 개울물 소리에 섞여 희미하게라도 어머니의 '오야' 소리가 들리면 그때부터는 하나도 무섭지 않았다. 귀룽나무 앞 바윗돌에 앉아 있노라면 얼마 지나지 않아 치렁치렁 늘어진 꽃가지를 주렴처럼 젖히고 어머니와 누나가 모습을 드러낸다.

가끔 그 귀룽나무 너머로 어머니의 대답이 들려오지 않는 날은 집의 밤나무 고목 그림자에 이어 귀룽나무 귀신까지 덮쳐오는 듯한 공포에 죽자하고 냉면집 근처로 뛰곤 했다. 그때 느꼈던 어둠에 대한 두려움은 지금까지도 트라우마로 남아 있다.

여름이 되면 항아리소는 더욱 분주해진 동네 아낙들의 발길로 붐비었고 꽃이 진 귀룽나무의 짙은 녹음은 그 안쪽 세상에 대한 나의 호기심만큼이나 두터워져갔다. 항아리소 초입의 집채만 한 꽃더미 속에서 걸어 나오시던 어머니의 젖은 머리칼 뒤로 천상의 구름처럼 너울거리던 휘황한 꽃물결이 여전히 생생하다.

　"참이야! 이 나무가 귀룽나무란다. 아빠 어릴 적엔 여기서 네 할머니를 기다리곤 했지."

짙은 초록색의 우리말
갈매나무

어느 사이 나는 아내도 없고, 또,

아내와 같이 살던 집도 없어지고,

그리고 살뜰한 부모며 동생들과도 멀리 떨어져서,

그 어느 바람 세인 쓸쓸한 거리 끝에 헤매이었다.

바로 날도 저물어서,

바람은 더욱 세게 불고, 추위는 점점 더해오는데,

나는 어느 목수네 집 헌 샅을 깐,

한 방에 들어서 쥔을 붙이었다.

이리하여 나는 이 습내나는 춥고, 누굿한 방에서,

낮이나 밤이나 나는 나 혼자라도 너무 많은 것같이 생각하며,

딜옹배기에 북덕불이라도 담겨오면,

이것을 안고 손을 쬐며 재 우에 뜻없이 글자를 쓰기도 하며,

또 문 밖에 나가디두 않구 자리에 누어서,

머리에 손깍지베개를 하고 굴기도 하면서,

나는 내 슬픔이며 어리석음이며를 소처럼 연하여 쌔김질하는 것이 었다.

내 가슴이 꽉 메어 올 적이며,

내 눈에 뜨거운 것이 핑 괴일 적이며,

또 내 스스로 화끈 낯이 붉도록 부끄러울 적이며,

나는 내 슬픔과 어리석음에 눌리어 죽을 수밖에 없는 것을 느끼는 것이었다.

그러나 잠시 뒤에 나는 고개를 들어,

허연 문창을 바라보든가 또 눈을 떠서 높은 턴정을 쳐다보는 것인데,

이때 나는 내 뜻이며 힘으로, 나를 이끌어가는 것이 힘든 일인 것을 생각하고,

이것들보다 더 크고, 높은 것이 있어서, 나를 마음대로 굴려가는 것을 생각하는 것인데,

이렇게 하여 여러 날이 지나는 동안에,

내 어지러운 마음에는 슬픔이며, 한탄이며, 가라앉을 것은 차츰 앙금이 되어 가라앉고,

외로운 생각만이 드는 때쯤 해서는,

더러 나줏손에 쌀랑쌀랑 싸락눈이 와서 문창을 치기도 하는 때도 있는데,

나는 이런 저녁에는 화로를 더욱 다가 끼며, 무릎을 끓어보며,

어니 먼 산 뒷옆에 바우섶에 따로 외로이 서서,

어두어 오는데 하이야니 눈을 맞을, 그 마른 잎새에는,

쌀랑쌀랑 소리도 나며, 눈을 맞을,

그 드물다는 굳고 정한 갈매나무라는 나무를 생각하는 것이었다.

— 백석, 「남신의주 유동 박시봉방」

갈매나무는 흔히 백석의 이 시와 함께 인용된다.

어려운 처지가 되어 객지의 겨울을 나던 천재시인의 시상에 어떤 연유로 갈매나무가 '굳고 정한' 이미지의 표상으로 등장하게 되었는지 알 길은 없다. 어쨌든 백석의 시 한 수 한 수에 열광하는 후세의 문인필객들에게 갈매나무는 드물고, 굳고, 정한 나무의 상징처럼 되어버렸다.

실제 갈매나무는 계곡의 물가에서, 복숭아나무나 자두나무를 닮은 모습으로 그리 드물지 않게 눈에 띄는 나무다. 커봐야 사람 키의 두 배쯤의 크기로, 굽으면서 크는 데다 과일나무도 아닌지라 땔감으로 말고는 딱히 쓸모가 없으며 가지 끝의 뾰족뾰족한 가시 때문에 그마저도 그리 여의치 않아, 보통은 잡목쯤으로 인식되는 나무다. 작은 열매가 쥐의 오얏쯤으로 보였을까? 한자 이름은 서리鼠李라 하고 까맣게 익은 열매는 '서리자'라 하여 한방에서 이뇨, 완화제로 쓰인다. 껍질과 잎은 염료로 이용되기도 한다.

갈매나무는 그 이름 속에 사라져가는 귀중한 우리말을 품고 있다.

'갈매'는 짙은 초록색을 이르는 순수한 우리말이다. 촘촘한 잎과 올망졸
망 열리는 작은 열매가 주변부의 녹음보다 진한 색을 띠어 붙은 이름인
듯하다.

　언제부터 파랑 속에 청색과 녹색의 뜻을 함께 담아 사용하게 되었는
지는 알 길이 없지만 우리 조상들의 생활 기록들을 거슬러 오르다 보면
청색은 '쪽빛', 녹색은 '갈맷빛'으로 구분해 쓴 흔적들이 적지 않다.

　'갈매'는 '갈뫼'에서 온 것으로 추측된다. '뫼'는 '산'이니 푸르름을 '뫼
빛'으로 표현한 예는 조선 초기 가사문학에서 후기의 시조에까지 어렵지
않게 찾아볼 수 있으며 구리시 갈매동이나 의왕의 갈뫼지구 등, 지명에도
남아 있다. '갈'은 '색이 짙거나 어두운 상태'를 일컫는 접두어이니 '갈매'
는 멀리서 보는 산의 검푸른 위용을 담아낸 참으로 섬세한 표현이다. 무
등산의 능선을 보며 빈한貧寒 속의 여유를 노래한 미당의 시구도 '갈맷빛'
표현의 진수다.

　가난이야 한낱 남루襤褸에 지나지 않는다.
　저 눈부신 햇빛 속에 갈맷빛의 등성이를 드러내고 서 있는
　여름 산 같은
　우리들의 타고난 살결 타고난 마음씨까지야 다 가릴 수 있으랴.

　청산靑山이 그 무릎 아래 지란芝蘭을 기르듯
　우리는 우리 새끼들을 기를 수밖에 없다.

목숨이 가다 가다 농울쳐 휘어드는
오후의 때가 오거든
내외內外들이여 그대들도
더러는 앉고
더러는 차라리 그 곁에 누워라.

지어미는 지애비를 물끄러미 우러러보고
지애비는 지어미의 이마라도 짚어라.
어느 가시덤불 쑥구렁에 놓일지라도
우리는 늘 옥돌같이 호젓이 묻혔다고 생각할 일이요
청태靑苔라도 자욱히 끼일 일인 것이다.

— 서정주, 「무등을 보며」

　　어릴 적 성황림마을의 재터골 밭가를 흐르는 도랑 주변으로 잎과 열
매가 유난히 짙푸른 나무가 늘어서 있었다. 밭일을 하시는 부모님을 따라
갔다가 뙤약볕을 피해 나무 밑으로 들어서면 짙은 그늘로 땀을 식혀주었
다. 일을 하기 싫었던 나는 물이 흐르는 듯 마는 듯한 도랑 한켠에 엎디어
가재를 잡았다. 아랫부분의 돌을 들추면 꼬리 안쪽에 짙은 갈색의 알을
넘칠 듯 붙인 가재가 튀어나왔는데 어떤 때는 새끼가재가 꼬리에 다닥다
닥 붙어 있기도 했다. 물을 마시려고 파놓은 웅덩이의 흙탕물이 가라앉은

듯해서 엎디어 물을 마시다 보면 가재밥이라 부르던 엽새우가 입안으로 딸려 들어오기 일쑤였는데 그러면 화들짝 놀라 고개를 들다가 나지막이 드리워진 나뭇가지 끝의 가시에 머리를 찔리곤 했다. 누이가 이고 온 새참을 펼쳐놓기에도 옹색한 그늘을 드리운 그 나무는 만고에 용처가 없어 목수인 아버지도 굳이 이름을 언급하는 일이 없었다. 때문에 그저 짙푸른 잎과 열매가 눈에 띄는 잡목 중의 하나로 기억하고 있었다.

언젠가 백석의 시를 접하고는 그 굳고 정한 나무가 궁금하여 도감을 찾고 보니 눈에 익은 나무가 있었다. 주말행에 바로 사진을 찍어와 비교하니 영락없는 갈매나무다. 무언가 미진한 마음을 떨쳐내지 못하다가 겨울에 다시 그 나무를 찾아갔다. 앙상한 가지와 볼품없는 가시뿐 열매도 잎새도 흔적조차 없다. 이것이 정말 시인이 마음속 스승으로 떠올렸던 그 갈매나무일까?

첫사랑 소녀의 서표
은행나무

중학생 시절 시오리 시골길을 걸어 학교에 다녔다. 보충수업이 끝날 무렵이면 서쪽을 향해 나 있던 정문 옆 은사시나무 그림자가 감악산 자락을 기어오르고 학교 옆 인가에서는 한 집 두 집 저녁연기가 피어오르기 시작했다. 우르르 교문에서 몰려나온 급우들 중 면내의 장터 주변에 살던 친구들이 먼저 부러운 눈길을 받으며 하나 둘 갈라져간다. 그리고 얼마 뒤 아까시나무 울타리가 빼곡한 과수원을 지나면 배나무거리에 사는 마지막 한 명까지 제 집 쪽으로 사라진다.

　어느새 길 위에 드문드문 자란 질경이의 윤곽만 희끄무레 분간할 수 있을 정도로 땅거미가 짙게 내려앉는다. 나는 이 어둠 속을 한참을 더 가야 했는데, 군데군데 소용돌이가 진 제방길의 물소리가 여간 으스스하지 않았다. 가뜩이나 또래 아이들보다 왜소한 덩치였던 나는 몸집의 절반쯤 되는 버거운 무게의 책가방을 팔에 걸었다 어깨에 멨다를 반복했다. 빈 양은도시락 속에서 숟가락이 덜걱거리는 소리에 맞추어 뛰기도 하고 걷기도 하며 하염없이 올라오던 이 하굣길이 내겐 하루하루 치열한 전투였다.

아랫당숲을 지나면 잠시 띄엄띄엄 인가가 이어진다. 그러나 으스스한 물레방앗간을 끝으로 다시 인적이 뚝 끊기고 나면, 보름밤에도 달빛 한줌 새어들지 않는 윗당숲(성황림)이 거대한 암흑터널의 입을 벌리고 있었다. 이곳을 통과하는 것이 전투 같은 하루의 마지막 장이었다.

사방에서 엄습해오는 어둠의 공포를 잊으려고 보충수업에서 배운 광개토대왕이며 영조의 업적을 소리 내어 외쳐도 보지만 차츰 공포가 생각을 잠식하고 목소리는 점점 기어들어간다. 그러면 좀더 입에 붙는 나훈아의 「가지마오」 같은 유행가 가락을 나름 기교까지 섞어가며 반복해 부른다.

"가지 마오 가지 마오 나를 두고 가지를 마아오."

숲의 어둠에 반사되는 고함에 가까운 노랫가락을 행진곡 삼아 당숲 한가운데에 있는 당집 앞까지 돌진하는데, 당집을 지나면 다시 뒤통수가 켕긴다. 더 이상은 노래도 나오지 않고 지금껏 자라며 보아왔던 죽은 사람들의 장례식이 하나 둘 떠오르기 시작하는 것이다. 이때 그냥 뛰기만 해서는 무서움을 달래는 데 전혀 도움이 안 된다. 이것을 경험으로 터득한 내게 그나마의 비상책은 바로 10원짜리 라면과자, 뽀빠이였다. 교복 주머니에서 한 줌을 집어 입에 넣고 씹으면 온몸에 느껴지던 달콤 고소한 맛에 머릿속을 지배하던 무서움을 잠시 잊어버릴 수 있었다. 그러기를 몇 차례 반복하며 걷는 동안 멀리 버덩말 첫 번째 집에서 새어나오는 등잔불 빛이 보이면 하굣길과의 치열한 싸움은 끝나는 것이었다.

농사일로 고단한 어머니가 당숲 밖까지 마중오시는 것은 철없던 내게도 죄송스러운 일이었나 보다. 그리하여 나는 뽀빠이 한 봉지 값인 10원을 받고 혼자 하굣길의 전투에 나서게 되었다. 우선 마지 뜰의 뚱보아줌마네 가겟집에서 뽀빠이를 산다. 봉지를 뜯어 뚜껑이 달렸던 교복주머니에 한꺼번에 털어넣고는(봉지 째 들고 먹으면 달라고 하는 주변 친구들 때문에 생긴 습관인 듯하다) 조금씩 아껴가며 먹다가 얼마쯤을 당숲 통과용으로 남겨둔다. 정작 캄캄한 당숲에서 뽀빠이를 꺼내먹을 땐 주머니에 들어 있던 실 보푸라기에 성냥 끄트머리, 심지어는 나사 조각이 함께 씹히기도 예사였지만 코 밑 솜털이 제법 거뭇해지던 때까지도 나는 그 달콤 고소한 맛에 푹 빠져 지냈다.

그러던 어느 날 뽀빠이에 대한 애정과 어두컴컴한 당숲의 공포까지도 거짓말처럼 한꺼번에 싹 거두어간 존재가 있었으니, 바로 첫사랑의 열정이었다.

2학년까지 남녀 각반으로 되어 있던 반 편제가 진학 지도를 위해 남녀 합반으로 바뀌었다. 그러면서 일주일에 두 번인 기술 시간마다 남학생은 1반, 가정을 배우는 여학생은 2반 교실로 이동해 서로의 빈자리에 앉게 되었다. 내가 앉게 된 자리는 배나무거리까지 등하굣길을 함께하던 친구의 옆줄 여학생 자리였다. 어느 날 그 여학생의 책상 속에 남아 있던 얇은 시집 한 권을 보게 되었다. 그 책갈피 속에는 노란 은행잎과 2학년 가을소풍 때 찍은 소녀의 사진 한 장이 끼어 있었는데, 무슨 생각을 했는지 나는 그것을 내 기술책 속에 슬쩍 감춘 채 자리를 떠났다.

그 뒤의 시간은 고문과도 같았다.

'내가 사진을 꺼낸 걸 알까? 선생님께 이르기라도 하면……'

아무 일 없이 며칠이 흘렀다. 은행잎과 사진은 집에 있는 오래된 잡지 속에 감춰두었다. 집에 돌아오면 아버지께서 짜주신 앉은뱅이책상에 꽂힌 『새농민』 잡지의 갈피 속에서 소녀의 사진과 은행잎을 꺼내보곤 했다.

어느새 나는 학교에 가면 그 애를 한 번이라도 더 보려 1반 교실을 기웃거렸고 어쩌다 눈이라도 마주치면 얼굴은 붉어지고 몸은 굳어버렸다. 칠흑 같은 어둠에 비까지 내려 괴기스럽기 짝이 없는 성황림 숲길에 대한 공포도 소녀를 떠올리면 한순간에 사라졌다. 상기된 얼굴로 소녀를 간절히 생각하며 걷다 보면 숲길의 어둠도 공포도 멀찌감치 밀려나버리는 것이다.

지옥 같던 하루하루의 등하굣길과 보충수업에 대한 불만이 마술처럼 사라지고 집에 들어서면 다시 학교로 달려가 소녀의 주변을 맴돌고만 싶었다. 한 장의 은행잎에서 시작된 경이로운 나날이었다.

'그래! 편지를 쓰는 거야.'

소녀를 향한 마음의 열병을 앓던 까까머리는 며칠 밤을 새우다시피 하여 허비한 시간에 비해서는 보잘것없는 편지를 썼다. 면내의 인가 뒤쪽을 흐르는 개울이 커다란 소를 이룬 곳, 신랑바위 앞 자갈둑으로 나와달라는 내용이었다. 며칠을 교복 안주머니에 품고 있던 편지를 소녀의 책상 속에 넣고 일어서던 순간의 떨림이란.

그러나 정작 토요일 보충수업이 끝난 그 시간 까까머리는 차마 그리로 나갈 용기를 내지 못했다. 멀리 논둑길 초입의 커다란 미루나무 뒤에 숨어서 가물가물한 사람의 인기척만 확인하곤 소녀가 왔다 갔을 것이라고 위안을 삼았다.

그날 이후 이따금 복도를 지나다가 마주치는 소녀의 냉랭한 표정에서 좌절감을 느끼기도 했고, 더 다가설 용기를 내지 못해 혼자 가슴앓이를 했다. 그러다가 학교가 일찍 파한 어느 날 면내 삼거리 정류소에서 커피껌 한 통을 건네며 처음으로 말문을 텄다. 세상을 다 얻은 기분이었다. 그날 당숲을 지날 땐 서낭당을 향해 몇 번인지 모를 큰절까지 해댔다. "감사합니다! 서낭님. 그저 감사합니다"를 연신 되뇌며.

여름이 저물어가던 어느 일요일, 원주 시내의 아카데미극장에서 상영하던 「여고졸업반」을 보러가기로 약속했다. 그 전날은 소풍이나 초등학교 시절의 대운동회 전날과도 비교할 수 없는 설렘으로 밤을 지새웠다.

'손을 잡아볼까? 뿌리치면?'

그러나 운명의 신은 그리 너그럽지 않았다. 소녀가 나오지 않아 잿빛으로 변한 원주 쌍다리의 차부에서 나는 석고상처럼 막차가 올 때까지 굳어 있었다.

이후 다시 순탄치 않은 냉기류에 가슴을 졸이기도 했고 같은 반의 서울식당집 아들과 사귄다는 소문도 돌았다. 그러나 마음의 상처에도 불구하고 소녀를 향한 열정은 변함이 없었다. 그 정성이 그 애의 마음을 움직였을까? 탁사정으로 갔던 가을소풍 때 소녀는 내게 정성껏 준비해온 나무 도시락을 건네주었다. 그간의 마음고생을 한꺼번에 털어낸 듯 기뻤다.

'오 사랑하는 친구! 즐거웠던 날들 꽃 피고 지는 시절 꿈같이 보냈네.'

중학시절 마지막 소풍이었던 그 날 소녀는 오락시간에 이숙의 「우정」을 불렀다. 지금 돌이켜 생각해보면 마치 운명을 예감한 듯한 선곡이다. 그 뒤 우리는 고교 입학시험 등 눈코 뜰 새 없는 시간을 보내고 곧 겨울방학을 맞았다. 나는 이듬해부터 원주 시내에서 새롭게 시작될 고교생활 준비하며 잠시 소녀에 대한 마음을 접어두었다.

그 시절 사춘기 여학생 치고 '시몬 너는 좋으냐? 낙엽 밟는 소리가'라는 구르몽의 시구에 심취해 은행잎을 책갈피에 끼우고는 가슴에 품어보지 않은 청춘이 있을까? 하늘나라 선녀의 섬섬옥수에 들려진 부채 같기도 하고 노란 주둥이를 물속에 넣고 자맥질하는 오리의 물갈퀴 모양 같기도 하다. 넓적하게 펼쳐지다 가운데쯤이 잘록 파인 앙증맞은 은행잎!

거리에 '오비 비어'니 '크라운 비어'니 하던 생맥주집이 막 대중화되던 내 청춘 시절, 주머니 사정이 좋아 백 원짜리 김 안주가 성에 차지 않는 날이면 큰맘 먹고 시키던 모듬꼬치의 대파와 닭똥집 사이에는 꼭 에메랄드빛 은행이 두어 알 꿰어져 있었다. 청천동 단칸셋방 시절에는 길가에 심긴 가로수를 흔들어 떨어진 은행을 주워다 구워 먹었다. 그것들을 까느라 온 집에 진동하는 구린내를 뒤로 하고 알맹이를 이쑤시개에 꿰어 연탄불에 굽는다. 그걸 순이와 가위 바위 보를 해 한 알씩 빼어먹곤 했다. 유년 시절 네 살 위의 누이가 봉창에 대고 창호지를 덧발라 예쁜 문양을 내던 노오란 은행잎도 기억에 선명하다.

한 편의 소설처럼 다가와서일까? 첫사랑 소녀는 내게 감당하기 힘든 트라우마를 남긴 채 소설처럼 떠나갔다. 겨울방학이 끝나갈 무렵의 어느 날, 그 애의 사진과 함께 딸려 나온 은행잎자루가 거짓말처럼 똑 부러지고 며칠 뒤 사고 소식을 들었다.

　그 뒤 가리파재 정상에 있는 그 애의 집 앞을 지날 때마다 마음은 얼어붙었다. 삼십 년이 더 지난 지금도 가끔 나는 그곳에 내려 그 시절의 그 애와 내 마음을 되새겨보려 애쓴다.

　은행나무, 은행잎. 아픈 첫사랑의 기억이 일렁인다.

벽오동 심은 뜻은
오동나무

오동잎 한 잎 두 잎 떨어지는 가을밤에
그 어디서 들려오나 귀뚜라미 우는 소리

1975년 발표된 대중가요「오동잎」은 미남가수 최헌의 허스키한 목소리에 실려 가을밤의 서정을 대표하는 노래로 오랜 세월 인기를 구가했다.

오동잎은 어른들의 얼굴 크기를 웃돌 만큼 큰 데다 무게 또한 만만치 않아 초가을에 접어들어 왕성했던 신진대사가 줄어들면 일찍부터 잎을 떨군다. 때문에 일엽지추一葉知秋니 오추梧秋니 하여 가을 문턱을 알리는 상징처럼 표현되어왔다.

청나라 강희제 때 칙찬勅撰으로 간행한『어정패문재광군방보御定佩文齋廣群芳譜』의「목보木譜」 '동조桐條'에 "오동잎이 하나 떨어지면 천하 사람들이 모두 가을이 온 줄 안다梧桐一葉落天下盡知秋" 라는 구절이 나온다. 훗날

이 구절은 중국은 물론 우리나라의 많은 문학 작품과 정치인들 어록에 등장하게 되었다. 특히 1953년 일본 다치바나증권의 창업주인 이시이 히사시石井久 전 회장이 '증시의 흐름에서 대세가 변화하는 신호'라는 의미로 인용한 이후 증권시장의 격언처럼 쓰이기도 한다.

오동의 동桐에서 나무 목木 옆의 동同은 본래 대통筒을 뜻하며 이는 속이 비었음을 가리킨다. 현삼과의 갈잎큰키나무인 오동나무는 우리나

오동나무 찬탁饌卓, 조선후기.　　　　오동나무 책궤, 조선후기, 온양민속박물관 소장

라가 원산지로 경기 이남의 거주지나 경작지 주변에서 흔하게 볼 수 있다. 목재로서의 특징은 속성수에 목질이 가볍고 부드러우며 습기에 강해 가공 후에도 변형이 적고 벌레가 생기지 않아 예로부터 악기, 장롱, 문갑, 나막신, 낚시 찌 등 생활용구의 재료로 많이 쓰였다.

옛말에 '딸을 낳으면 오동나무를 심고 아들을 낳으면 잣나무를 심는다'고 했다. 오동나무는 빨리 자라니 시집가는 딸에게 장롱을 만들어주고 대를 이을 아들에게는 잣나무로 관을 쓰게 한다는 의미다. 또한 오동나무는 부드러워 '음'에 속하는 나무이기도 하다. 때문에 모친상에는 오동상장梧桐喪杖이라하여 상주의 지팡이로 썼으며 잎과 수피, 열매 등은 동피桐皮, 동엽桐葉, 포동과泡桐果라 하여 각각 살충제, 타박상, 출혈, 거담에 약재로 활용했다.

벽오동 심은 뜻은 봉황을 보렸더니
내 심은 탓인지 기다려도 아니 오고
밤중에 일편명월만 빈 가지에 걸렸에라

조선후기의 노래집 『화원악보花源樂譜』에 전하는 작자미상의 시다. 성군이 세상에 등장할 때 같이 나타난다는 봉황은 중국 고대의 전설에서 유래한 길조吉鳥인데 벽오동나무에만 깃들고 대나무 열매인 죽실竹實을 먹는다. 난세를 견디던 백성들은 태평성대를 바라면서 혹은 스스로 대의를 굳히면서 벽오동을 심기도 했으니, 이는 벽오동에서 봉황, 성군으로 이어지

는 이미지의 연쇄에서 비롯한 문화인 듯하다. 또한 오동나무는 태평성대를 상징하는 풍류와 음악의 주요 소품이었던 거문고의 재료이기도 했다. 중국의 가장 오래된 노래집 『시경』에 전하는 아래의 시가 춘추전국시대 이전부터 형성된 오동나무의 이미지를 후세에 전한 기록의 시원쯤 될 듯하다.

봉황이 우네 저 높은 산마루에서   鳳凰鳴矣 于彼高岡
오동나무 큰다 아침햇살 비추어   梧桐生矣 于彼朝陽

무럭무럭 자라 옹옹개개 노래하네   莘莘萋萋 雝雝喈喈

껍질이 푸른색을 띠는 벽오동碧梧桐은 오동나무와 달리 벽오동과에 속한다. 즉 두 나무는 생물학적 갈래가 다르며 본디 오梧는 벽오동을, 동桐은 오동나무를 뜻한다. 중국의 여러 문헌에 등장하는 오동나무는 주로 벽오동을 가리키지만 두 나무의 특성 및 용도가 워낙 비슷하여 우리나라와 일본에서는 두 나무를 혼동하는 일이 흔했다. 일본의 풍속화에서 유래한 화투장의 11월 똥광桐光 위에 봉황이 그려졌다거나 대구 팔공산 동화

사桐花寺에 봉서루鳳棲樓가 있는 것 등이 그 예다.

왕산악의 거문고이자 우륵의 가야금이었던 오동나무, 백거이의 「당한가」며 주자의 「권학문」을 거쳐 조지훈, 한용운의 시구에 등장하는 오동나무. 어디 그뿐인가, 오동나무는 「경복궁타령」을 비롯한 수많은 노래와 셀 수 없이 많은 기록에 등장하며 우리와 역사를 함께해왔다. 21세기 인디밴드 크라잉넛의 「지독한 노래」 가사가 눈앞의 이득만 좇는 세태를 비판하며 현재까지 그 맥을 잇고 있다.

벽오동 심은 뜻은 장롱 짓고 궤짝 짜니 봉황은 갈 곳이 없네.

소년 시절 첫사랑 소녀와 나란히 무당소의 자갈둑에 앉았다가 소나기를 만난 적이 있다. 좁은 논둑길로 황급히 달려 나오다가 소녀의 찰랑거리는 머리칼 위로 오동잎을 받쳐주었다. 그때 어깨너머로 살풋 맡았던 향기가 잊히지 않는다.

"참이야! 아빠가 학생 때는 급할 때 우산대용으로 오동잎을 쓰기도 했단다."

"이렇게? 와! 진짜 우산이다!"

법복, 군복, 미영치마 물들이던
신나무

쪼록쪼록 조록나무 아이구배야 아그배나무

쌀밥에 이팝나무 수라상에 상수리나무

앵돌아져 앵도나무 매웁고나 고추나무

국록먹어 녹나무 군침돈다 신나무

가사만 봐도 유쾌해지는 우리의 나무타령에서 신나무는 말만 들어도 군침이 고이는 신맛으로 표현된다. 하지만 실제로 딱히 식용하는 부위는 없으니, 그 이름이 맛에서 온 것은 아니다. 다른 단풍나무 종류처럼 가을에 붉게 물드는 잎과 팽그르르 돌면서 떨어져내리는 날개달린 씨앗이 특징이며 10미터 안쪽으로 자라는 중간키 나무다.

조선 초기에 지어진 『훈몽자회』에 '싣나모 풍: 楓(상10)'이라는 표기가 있는 것으로 보아 신나무의 이름은 싣나모에서 온 것으로 보인다. 충북 내수읍 풍정리楓井里에 '싣우물'로 불리는 지명이 남아 있다. 이밖에도 풍정^{楓井}이란 한자표기와 '싱우물'이란 우리말이 공존하는 곳이 적지 않고, 사촌쯤 되는 시닥나무도 같은 이름 뿌리를 가진 듯싶다. 그러니 '싱'의 어원도 연구해볼 만한 주제일 것이다.

무환자나무목 단풍나뭇과의 신나무는 사람들이 사는 곳이면 개울가나 야산의 언저리, 심지어는 밭머리나 돌담의 틈새에서도 자란다. 그러나 딱히 용도가 있거나 크게 자라는 나무가 아닌지라 신나무는 손쉽게 베어져 땔감으로 쓰였다.

뾰족뾰족한 여러 갈래의 잎이 손바닥 모양을 이루는 여느 단풍나무들과 달리 신나무 잎은 세 갈래의 결각이 전체적으로 긴 삼각형을 이룬다. 6월쯤에 피우는 꽃은 더듬이를 세운 달팽이를 연상시키는 모양으로, 연노랑빛을 띤다. 하지만 자세히 들여다보지 않으면 보이지 않을 정도로 작아 행인의 눈길을 끌지는 못한다.

신나무의 존재감이 최고조에 이르는 것은 잎이 유난히 붉게 물드는 가을이다. 신나무는 한자로 색목^{色木}이라 하기도 하는데 단풍의 짙은 붉은색 때문인 듯하다. 염료로 쓰인 신나무 잎의 용도도 이 이름의 정착에 한몫 거들었을 것으로 보인다. 한여름에 신나무 잎을 따서 물을 붓고 발효를 시키거나 삶으면 검은 물이 나오는데, 여기에 옷감을 담그면 회흑색이 된다. 이를 여러 번 반복하면 검은색 옷감이 되어 이런 식으로 스님들의 법복이나 이불의 호청 또는 미영치마[*] 등을 물들였다고 한다.

---

* 무명치마. 면화를 사투리로 '미영꽃'이라 한다.

더러의 기록에서는 2차 세계대전 때 일본군의 군복을 신나무 잎으로 물들여 공급했다는 이야기도 전해진다. 해방 후 미군정이 실시될 즈음이 땅에 비교적 흔했던 것은 일제가 버리고 가거나 미군들에게서 나오는 군복이었으니, 이후 오랫동안 우리 국민들은 이 군복을 검게 물들여 평상복이나 작업복으로 입었다. 서양식 화학 염료가 본격적으로 사용되기 이전에는 아마 신나무 잎이 염색재로 사용되었으리라고 유추해본다.

신나무의 가지와 어린 순을 약재로 이용한 흔적도 보인다. 조선 중기 양예수가 지은 『의림촬요醫林撮要』라는 의학서에는 신나무 가지楓枝를 이용해 눈병을 치료하는 기록이 등장한다. 한편 민간에서는 어린 순과 잎을 간염 치료에 사용했다고도 한다.

화려한 색을 자랑하던 단풍이 져버린 겨울철의 신나무는 을씨년스럽다. 채 떨어뜨리지 못한 날개 모양의 씨앗들이 눈과 바람을 맞으며 사그락거리다 미처 땔감을 쟁여두지 못한 게으른 농부의 낫질에 잘려나간다. 때로 아이들이 가지를 잘라다 새총을 만들기도 했는데, 잘린 옆으로 가지를 내어 또 그만큼 자라나는 나무였다. 민가의 담장에, 수로 주변과 텃밭머리에, 언제나 그렇게 사람과 함께하던 나무. 신나무야말로 고향집의 지근거리에 안 보이면 서운한 그런 나무다.

사쿠라에서 왕벚꽃으로,
벚나무

봄이 오면 처자들은 언 땅이 졸졸 녹아 흐르는 양지 녘에 달래와 냉이 등의 나물을 캐고, 남정네들은 아지랑이 피어오르는 언덕에서 밭을 간다. 멀지 않은 과거 농경사회의 일상적인 풍경이다. 노란 생강나무 꽃에서 시작해 진달래와 복숭아꽃, 벚꽃, 살구꽃 등이 잇달아 봄을 알린다. 이런 완연한 봄기운 속에서 맞이하는 분주한 삶 자체가 민초들에게는 봄맞이의 몸짓이었고, 고단한 노동 중에 꽃그늘을 찾아 새참을 펼치면 그것이 곧 망중한의 꽃놀이였다.

그에 비해 고대광실의 높은 담에 둘러싸여 지내던 양반들은 '봄나들이'와 '꽃놀이'라 하여 별도의 행차에 나섰다. 그 감흥을 시화로 남기기도 했으니, 신분에 따라 그 형태는 다르지만 나름의 운치와 품격이 있는 봄맞이라 하겠다.

우리나라에서 '벚꽃놀이'라는 이름의 유희가 시작된 것은 1910년경 창경궁에 동물원과 식물원을 차린 뒤 벚나무를 잔뜩 옮겨 심은 즈음인 듯

하다. 이곳에서 일본의 꽃놀이인 '하나미花見'를 재현한 '창경원昌慶苑 벚꽃놀이'를 도입한 것이다. 궁궐의 위엄을 해치고 이름조차 격하하여 우리의 문화적 정통성을 말살하려 했던 일제의 흔적이 배어 있는 풍습이다.

그러나 역사의 수레바퀴란 오묘한 것이다. 제국주의적 야심에 들끓던 일본이 지배국을 상징하는 표식으로 식민국의 궁궐에 옮겨 심은 그들의 사쿠라는 아이러니하게도 약 1500년 전 이 땅에서 전해진 꽃이다. 6세기경 일본에 불교를 전파했던 백제의 지배계급이 고국에 대한 그리움을 달래기 위해 가져간 왕벚나무가 사쿠라의 기원으로 추정된다.

1901년 일본은 자국이 왕벚나무의 원산지라 학계에 보고했다. 그러나 1908년 프랑스 선교사 에밀 다켓 신부가 제주에서 왕벚꽃나무의 자생지를 발견하여 당대 장미과 식물의 권위자에게 인정을 받았다. 이후 1932년 4월 20일 도쿄대학의 고이즈미 겐이치 박사가 한라산을 찾아 확인하고 발표함으로써 일본 학자들까지도 제주를 원산지로 인정하기에 이른다. 그러나 일본의 패전과 함께 우리나라가 독립한 뒤로 그 학설은 슬그머니 꼬리를 감추게 된다.

눈물겨운 노력으로도 일본 내에서 왕벚나무의 자생지를 찾아내지 못한 일본의 국수주의 학자들은 왕벚나무가 산벚나무와 올벚나무의 잡종이라는 해괴한 학설을 내세워 한반도 원산지설을 인정하지 않으려 하고 있다. 그러나 공교롭게도 사쿠라의 총본산인 요시노산吉野山이 자리한 나라奈良현은 5~6세기경 백제와 활발히 교류하며 문물이 전래된 터전이니, 애써 부인할 수밖에 없는 그들의 입장이 되레 안쓰럽기까지 하다. 현

재 우리나라에서는 DNA 대조 등의 방법으로 제주시 봉개동과 서귀포시 남원읍의 신혜리, 전남 대둔산을 왕벚나무 자생지로 확실시하고 이 지역들을 천연기념물로 지정해 보호하고 있다.

　　오늘날에는 연중 며칠을 일제히 만개했다 지는 벚꽃이 주목을 받지만, 역사적으로 우리나라 벚나무는 목재로서 이용가치가 높은 나무였다. 벚나무에 관한 최초의 기록은 『삼국유사』로, 신라 경덕왕 앞에 나타난 충담^{忠談} 스님이 앵통^{櫻筒}을 짊어지고 있었다는 내용이다. 또한 고려 팔만대장경의 60퍼센트 이상을 산벚나무로 만들었음이 밝혀졌고 조선시대에는 우이동에 대대적으로 수양벚나무를 심기도 했다. 북벌을 준비하던 효종이 탄성이 좋은 수양벚나무를 활의 재료로 쓰고자 한 것이다. 1819년 정약용이 지은 어원 연구서 『아언각비^{雅言覺非}』에도 벚나무가 등장한다.

벚나무는 목재의 광택이 아름답고 조직이 치밀하면서도 가공성이 좋아 스키, 고급가구, 악기, 정밀기계의 나무 부위에 쓰인다. 벚나무 껍질에서 나오는 사쿠라닌이라는 물질을 추출하면 기침약을 만들 수 있으며, 일본에서는 소금에 절인 벚나무 잎을 이용해 '사쿠라모찌'라는 떡을 만들기도 한다.

안톤 체호프의 희곡 『벚꽃동산』에서도 벚나무는 아름다운 영지의 상징적 이미지로 등장한다. 그런가 하면 미국의 수도에 자리한 백악관 주변에는 일본이 문호개방 선물로 보내준 왕벚나무가 울창하기도 하니, 벚나무의 무대는 이미 아시아에 국한되지 않는다.

어릴 적 성황림마을 당숲 산에 군데군데 연분홍 물을 들이던 산벚나무 꽃이 지고 열매가 점차 익어가면 그 까만 버찌를 따서 입에 넣기 바빴다. 잘 익은 놈은 달착지근한데 가끔 덜 익은 것을 고르면 곧장 입안에 시금털털한 맛이 번졌다. 까만색이 진하고 좀더 알이 굵은 버찌를 따려고 가지 끝으로 나가다가 부러진 가지와 함께 두세 길 아래 으름덩굴로 떨어지기도 예사였던 꾸러기 시절이 그리워진다.

신을 향한 인간의 추파
향나무

조상님의 묘소 옆이나 교정에 있던 향나무 한 그루쯤 마음에 담아보지 않은 사람 있을까. 식물에서 향이 나는 부위는 대개 꽃이거나 열매다. 더러 잎이나 껍질에서 특유의 냄새를 풍기는 식물종도 있으나, 목질부를 깎거나 태워야 특유의 향기가 나는 경우는 특수하다. 향나무는 자신의 몸을 태워서라도 인간의 삶에 기여해야 할 숙명이라도 타고난 것일까?

측백나뭇과에 속하는 상록침엽교목인 향나무는 상나무, 노송나무로 부르기도 한다. 한자명으로는 향목香木, 향백송香柏松, 회檜, 회백檜柏 등으로 쓰이니 이름에서 향기와 구과목의 상록수임이 강조되어 있다.

향나무의 쓰임새는 우리의 생활 속 각종 의식儀式에 깊숙이 뿌리박혀 있는데, 그 유래를 더듬자면 불교의 역사를 들여다보아야 한다. 불교는 삼국시대에 여러 경로를 통해 우리나라에 전파되었는데 한결같이 향을 피우는 의식이 동반되었다. 불교의식에서 향은 몸에 발라 땀 냄새를 없애거나 연기를 피워 벌레를 쫓거나 악취를 없애 경건한 분위기를 연출

하고자 하는 발상지의 풍습에서 비롯되었는데, 인도에서 향은 그 종류와 분류 등급만으로도 한 분야의 학문이 될 정도로 다양하게 발달해 있다.

그중에 최고의 향이 '침향'이다. 인도나 동남아시아의 열대 지방에 서식하는 서향과의 상록교목인 침향나무Aquilaria agallocha Roxburgh를 베어 바닷물과 민물이 교차하는 지역의 땅속에 묻으면 나무의 목질부를 보호하려는 수지성분이 생기면서 나와서 굳어진다. 반면 수지성분이 없는 부위는 썩어 없어져 단단한 덩어리만 남게 되는데 이것이 물에 가라앉을 정도로 무거워 침향沈香이라 부른다. 침향은 의복이나 물건에 향기가 스며들게 하고 또 태울 때에도 향기가 나서 옛날부터 가장 귀한 향으로 취급되었다. 광범위한 약효 또한 가지고 있어 한방에서 귀한 약재로 쓰이기도 한다.

침향에 관한 기록은 『삼국사기』를 비롯해 『조선왕조실록』까지 어렵지 않게 찾아볼 수 있는데 왕족 이외에는 사용을 금한다거나 외교 예물에 언급되는 등 모두 진귀한 보물로 취급된 흔적들이다.

침향 다음가는 향은 '자단향紫檀香'이다. 이 나무도 콩과에 속하는 열대성 상록교목이라 중국이나 우리나라에서는 구하기가 쉽지 않다. 1984년에 발굴을 마친 신안 앞바다의 해저 유물선에 청자와 동전 등 수많은 보물과 함께 8톤쯤 되는 자단목이 실려 있었으니 얼마나 귀하게 취급되었던가를 짐작할 수 있다.

불교의식에 사용되던 이런 향의 재료들은 중국 등 북방으로 전해지면서 조상들의 제례의식에 영향을 미친 듯하다. 신라 눌지왕 때 중국 황제로부터 비단과 작은 나뭇조각을 선물로 받았는데 나뭇조각의 용처를 몰라 전국에 수소문했더니 묵호자*가 나타나 불교에서 의식을 할 때 피우는 향임을 알려주었다는『삼국사기』의 기록이 그 역사를 짐작케 해준다.

그러나 불교의식과 제례에 널리 사용되기 시작한 만큼 침향이나 자단향 등이 나지 않는 지역에서는 대체할 재료가 필요하게 되었다. 이렇게 그 자리를 차지한 것이 중국과 우리나라를 원산지로 하는 지금의 향나무다.

그럼에도 역시 진귀한 침향에 대한 열망은 사라지지 않아, 역사상 유례없는 집단행동이 나타나기도 했다. 향나무나 참나무를 바다와 민물의 교차 지점에 묻으면 수백 수천 년 후에 침향으로 변한다고 믿고 너도나도 후손들을 위해 향나무를 묻기 시작한 것이다. 향나무가 침향이 될 즈음에는 미륵불이 하생하여 극락왕생을 하게 된다는 염원까지 보태지면서 이런 매향埋香의식은 신앙처럼 번져나갔다. 심지어는 국가 차원에서 매향 작업을 한 후 그 지점을 지도로 그려두기도 했으며 조선시대에는 이 매향지를 발굴하도록 관리를 보냈던 기록도 있다.

이 풍습은 14~15세기에 집중적으로 행해졌는데 일부 묻은 자리에 시주자의 명단과 축원 등을 기록한 비석이 남아 전국의 해안가에서 발견되고 있다. 보물 제614호로 지정된 경남 사천 곤양면에 있는 매향비는 지금도 글자를 뚜렷이 식별할 수 있을 정도다. 이런 매향의식은 수만 리

---

* 『삼국유사』에는 미추왕 때의 아도阿道라고 기록되어 있다.

밖에 있다는 천축국의 문화가 입에서 입으로 전해지던 시절의 해프닝이지만 당시 민중들의 절절했던 염원을 생각하면 그저 웃고 넘기기엔 가슴 한쪽이 짠해오는 역사다.

　상록수에 수형이 단정한 향나무는 청정淸淨의 상징인 데다 오래 살기 때문에 중국에서는 궁궐이나 문묘에 많이 심었다. 공자의 고향인 취푸曲阜에는 지금도 수령이 수천 년으로 짐작되는 향나무 수십 그루가 길 양쪽으로 늘어서 있으며 숭산嵩山의 향나무는 수령이 4500년쯤으로 둘레가 30미터를 넘는다.

　우리나라에서는 향나무의 자생지인 울릉도 도동항 절벽의 바위에 붙어 자라는 향나무가 수천 년의 수령을 지닌 것으로 추측되며 순천 송광사의 쌍향나무 등 전국적으로 천연기념물로 지정된 오래된 향나무가 적지 않다.

　향나무는 분향 용도 이외에도 목재가 광택이 나고 아름다워 가구재, 불상, 관재, 벼루집, 담배함, 실패 등 여러 용도의 고급 조각재로 쓰였으며 신라 경순왕이 고려 태조에게 항복하러 가는 길에 향나무 수레와 구슬로 장식한 말이 삼십여 리에 이르렀다는 기록도 보인다. 조선시대에는 5품 이하 벼슬아치의 홀목笏木*으로 사용되기도 했고 개화기 이후 오랜 세월 연필을 만드는 나무로도 이용되어왔다.

＊　관위에 있는 자가 관복을 하였을 때 손에 가지는 수판手板. 왕의 것은 규圭라 하여 옥으로 만들고 신하의 것은 홀笏이라 하여 직급에 따라 상아나 나무로 만들었다.

향나무는 동서양의 그림에서도 심심치 않게 등장한다. 정선의 「노백도」나 조선후기 화가 마군후의 「춘일채종」에 등장하는 오래된 향나무가 유명하고, 레오나르도 다빈치의 「지네브라 데 벤치의 초상」에서도 주인공의 이름을 암시하는 배경으로 등장한다. 마음의 병이 점차 깊어가던 천재화가 고흐의 눈길을 사로잡아 한동안 그의 화폭을 강렬하게 수놓았던 사이프러스도 향나무의 일종이다.

향나무는 침엽과 비늘잎이 있는데 잎과 성상에 따라 다양한 종으로 구분되며 정원이나 공원의 조경수로 많이 활용되고 있다. 향나무의 잎과 열매는 한방에서 이뇨와 통경제로 약용하기도 하며 한편으로는 과수를 해치는 향나무 녹병의 중간기주이기도 해 과수원에서 2킬로미터 이내에는 심을 수 없도록 법으로 규정하고 있다.

내게 향나무는 막내를 위해 아버지가 깎아주시던 연필이기도 하다. 늦둥이 아들의 초등학교 입학이라고 전교생을 통틀어 몇 개 없던 멜빵가방을 원주 장에까지 가서 사다주시고는 시퍼렇게 날이 선 낫으로 정성껏 연필을 깎으시던 아버지. 지금도 노인 아버지의 투박한 손과 시퍼런 힘줄이 아련하게 떠오른다.

4학년쯤엔가 교실마다 한 대씩의 수동식 연필깎이가 보급이 되었지만 조악한 품질의 나무와 연필심은 금방 부러지곤 했기 때문에 칼로 깎아 쓰는 아이들이 많았다. 나는 아버지가 낫으로 연필을 깎아주신 덕에 중학교에 들어가도록 거의 연필을 깎아보지 않았다.

"내비둬유. 학교에 가면 기계가 얼마나 맨드롬하게 깎아주는데."

고흐, 사이프러스 나무, 1889년, 메트로폴리탄 미술관 소장.

운동회나 소풍 등의 상품으로 연필을 받아 가면 으레 낫을 새로 갈아 깎아두시는 아버지의 연필이 탐탁지 않아 볼멘소리를 해도 아버지는 "잘못하다 손 다칠까 그러지" 하며 웃음을 지으실 뿐이었다.

연필만이 아니다. 아버지는 일 년에 서너 번쯤 돌아오던 제삿날이면 오시레*에 보관했던 향나무토막을 꺼내 제사를 지낼 양만큼 깎아내곤 하셨다. 학교를 파하고 집으로 들어서다가 마루에서 향을 깎는 아버지를 보게 되면 닭고기와 돼지고기산적을 먹을 생각에 신이 나 까불던 기억이 새롭다.

---

* 부엌과 안방 사이의 이중벽 속에 만들어진 창고를 일제의 잔재로 그렇게 불렀다. 수차례의 외침과 수탈을 겪은 역사 속에서 생겨난 일종의 비밀창고다.

기름 발라 쪽찐 머리
쪽동백나무

산야에 진동하던 아까시나무 꽃의 진한 향이 사그라들 무렵 제법 푸르러진 산 초입에서 중턱까지, 널따란 잎새 사이로 치렁치렁한 상아색 꽃을 피우는 나무가 있다. 이름조차 친근함이 물씬 묻어나는 '쪽동백나무'다.

　　긴 꽃자루에 줄지어 달린 스무 송이쯤의 꽃 몽우리들이 차례로 꽃잎을 열어 노란 꽃술을 내보이면 영락없는 꼬마 종鍾 모양이니, 집요하게 반복되는 뻐꾸기 소리와 함께 바람이라도 불라 치면 뎅경뎅경 가는 봄을 향한 세레나데라도 들려올 듯 그윽한 정취를 풍긴다.

　　　덕주골 계곡은
　　　사람의 손길을 원하지 않는다
　　　실바람 물살 지우는
　　　산 속 길에
　　　쪽동백 희디흰 눈물

뚝 뚝 떨어져 길바닥에 깔려 있다

나는 심호흡을 하고

마음을 가라앉히고

애련히 여울목으로 사라지는

아픔을 느낀다

청자빛 풍경소리가

고요히 퍼지는 법당 앞마당엔

쪽동백 희디흰 넋이

초여름의 등을 밝히고

내 마음에 숨어 있던

터럭 하나

슬그머니 그곳에 놓고 온다

— 김미경, 「꽃등을 달며」

꽃이 진 뒤 맺히는 동그스름한 열매에 고깔을 씌운 듯 남아 있는 꽃받침이 정갈하게 쪽진 머리를 한 여인네의 두상을 닮아서 쪽동백나무일까? 아니면 여기서 열리는 작은 열매가 동백과 같은 용도로 쓰이기에 붙은 이름일까? 여하튼 이름의 '쪽'만으로도 기름 바른 참빗으로 빗어 쪽을 지고 양은비녀를 꽂은 어머니의 머리칼 내음이 풍겨올 듯하다.

쪽동백나무는 감나무목 때죽나뭇과로, 우리나라의 산과 계곡 어디

쪽동백 열매

에나 자라는 중간키의 낙엽수다. 얼핏 검게도 보이는 흑회색 수피에 얼룩
얼룩한 흰 반점이 있고 어린 가지는 붉은빛을 띠다가 스스로 붉은 껍질을
벗는다. 마치 서낭나무에 묶인 붉은 천을 연상케 하는 모습이 특이하게
시원스런 느낌을 주는 나무다.

꽃은 수정을 마치면 감나무목의 다른 꽃들처럼 송이째 떨어진다. 여
자아이들은 떨어진 꽃송이를 실에 꿰어 목걸이를 만들기도 했다. 꽃이 진
자리에는 나무에 따라 둥글거나 볼링핀 같은 모양새를 한 새끼손톱 크기
의 열매를 맺는데 동백나무가 없는 중부 이북 지방에서는 이 열매의 기름

을 동백기름 대용으로 사용했다. 쪽동백나무의 열매에는 에고사포닌이란 독성 물질이 있어 머릿기름으로 사용하면 이나 서캐 등이 끼지 않았다. 찌든 때를 닦아내는 세제로 사용하기도 했으며 천렵 때는 찧어서 물에 풀고 기절한 물고기를 잡기도 했다. 민간에서는 쪽동백나무 꽃을 인후통과 치통을 완화하는 데 쓰기도 하며 한방에서는 옥령화玉鈴花라 하여 종기의 염증이나 요충을 제거하는 약재로 사용한다.

쪽동백나무는 더디게 생장하므로 목재로서 쓰는 데는 제한이 있다. 목질은 단단하나 허벅지 굵기 이상 크는 것이 드물며 곧게 크지 않고 불규칙적으로 굽어지면서 가지를 치는 특성이 있다. 때문에 생활 속에서는 소가 끄는 쟁기의 멍에나 쇠죽을 옮겨 담을 때 사용하는 여물갈퀴 등에 쓰였다. 더러는 좀 구불구불한 대로 지게작대기나 지팡이로 쓰기도 했는데 우둘투둘 단단하게 들러붙은 수피의 촉감이 좋았다.

수학여행 기념품으로 사온 벽걸이 장식도 쪽동백나무였다.

"삶이 그대를 속일지라도……."

새겨져 있던 푸슈킨의 시구도 어렴풋이 기억이 난다. 목재를 단단히 둘러싼 짙은 색 껍질과 하얗고 결이 약한 단단한 심재의 대비는 비스듬히 잘라놓으면 그대로 액자도 되고 화판도 되는 참 정갈한 나무다.

"아빠! 여기 선물."

얼마 전 강원도 어딘가로 1박 2일 캠프를 다녀온 막내가 내밀던 선물도 쪽동백나무 열쇠고리였다. 기계를 사용해 매끈하게 가공을 했지만 껍질이 그대로 붙어 느낌이 살아 있다. 세월도 강산도 한참 변한 듯한 이

공산품 홍수의 시대에도 기념품 판매대를 굳건히 지키고 있는 쪽동백나무에게 '위대하십니다' 하며 큰절이라도 올려볼까.

시린 청춘의 정점, 공단길의
플라타너스

미루나무가 우리나라 개화기에 신작로라는 이름의 자동찻길과 함께 등장한 1세대 가로수라면 플라타너스는 조금 더 다듬어지고 정비된 도심이나 새로 조성된 공단길 등에 조성된 2세대 가로수라 해도 무리가 없을 것 같다.

　플라타너스는 버즘나뭇과의 낙엽활엽교목으로 직경은 1미터, 높이는 50미터까지도 크는 속성수이며 우리말 이름은 양버즘나무다. 척박하고 추운 지방에서도 잘 자라며 대기오염에 강하고 흡수 능력이 뛰어나다. 넓은 잎은 증산작용이 커서 도심의 열섬현상 완화에도 효과가 있어 해방 이후부터 1970년대까지 도심의 가로수로 가장 많이 심긴 나무다.

　플라타너스의 가장 큰 특징은 군데군데 곡선을 이루며 벗겨진 얼룩얼룩한 수피와, 빼곡하게 나 있는 넓고 커다란 잎이다. 성장이 너무 빠르다 보니 가까운 전신주나 건물에 피해를 주어 이따금씩 보기에 참혹할 정도로 싹둑 전정을 당하기도 한다. 그러나 그렇게 몸뚱이만 남았다가도 곧 다시 새 가지로 무성해지는 생명력 강한 나무다.

플라타너스는 도심 가로수로서 탁월한 그 특성 때문에 원산지인 북미 대륙이나 호주, 유럽에도 가로수로 많이 심겨 있다. 때문에 어떤 사람들은 프랑스의 샹젤리제 거리를 보고 도심 속에서 오래된 플라타너스가 빼곡히 늘어서 장관을 이룬 서울 돈화문 풍경을 떠올리기도 한다.

마경덕의 시가 모두의 마음에 있는 도심의 플라타너스 가로수를 사실감 있게 그리고 있다.

> 도로변 플라타너스 나무기둥
> 일렬로 서있다
> 지나가던 봄이 죽었나 살았나 귀를 갖다 댄다
> 얼룩버짐 온몸에 퍼져있다
> 도심을 가로지른 전선 아래
> 버스가 줄지어 달려가고
>
> 몸통만 남은 플라타너스
> 머리 위 전선을 비집고
> 막무가내 뭉툭한 모가지를 디민다
>
> 퍽퍽, 맨몸으로 허공을 들이받는
> 저, 저, 가지 끝

짐승 냄새가 난다

나무는 지금
터진 살을 꿰매는 중

길을 가다가
성난 뿔을 보았다
쩍, 허공에 금이 가는 소릴 들었다

—마경덕, 「3월, 플라타너스」

언젠가부터 플라타너스는 비좁은 우리 도심의 도로환경이 감당하기 벅찬 과잉성장으로 점차 골칫거리가 되었다. 처음엔 벌레가 끼지 않던 잎에 숙주 생물이 생겨났고 좀더 까다로운 기준으로 따져보니 어린잎의 털이나 열매의 깃털이 인체에 흡수되면 해롭다는 둥, 기피 사유가 늘면서 플라타너스는 다른 수종으로 교체되기 시작했다. 교체된 나무는 가로수 제3세대라 할 수 있는 은행나무와 왕벚나무, 느티나무 등으로서 1980년대 이후에 많이 심겼다. 2000년대 전후로는 이팝나무와 회화나무, 메타세쿼이아나 튤립나무 등 좀더 관상적 측면이 강조된 수종들이 다양하게 식재되고 있어 가로수는 그 길의 조성 시기를 짐작하는 척도가 되기도 한다.

샹젤리제의 플라타너스 가로수길

역사의 흔적을 그대로 담고 있는 가로수길. 나로서도 내 시린 청춘 시절 공단길의 플라타너스를 잊지 못한다.

제대 후 취직도 못하고 친구의 자취방을 전전하며 제도권의 높은 벽에 좌절해가던 나는 어느 순간 더 이상 끼니와 잠자리를 남에게 의존하지 않겠다는 밤톨만 한 자존심으로 친구들 곁을 떠났다. 그길로 부평공단 중소기업의 한 열악한 기숙사로 들어가 그저 일하는 대가로 밥을 먹고 잠을 자며 의욕도 비전도 없이 지냈다. 대학시절 밤을 새워가며 읽었던 『난장이가 쏘아올린 작은 공』의 난장이가 되어가던 그 시절, 힘든 하루 일을 마치고 기숙사로 돌아오면 창밖으로 공단 입구길 끝까지 가로등 불빛을 가리고 무성한 그림자를 드리운 플라타너스가 보였다. 커다란 절망의 암흑 터널 같은 풍경이었다.

그렇게 한 달을 보내고 받은 첫 월급으로 간식과 생필품을 가져다 쓴 회사 앞 가겟집의 외상을 갚고 나니 달랑 차비 정도가 남았다. 미아리 고개의 친구들을 찾아갔다.

"나 멀리에 취직했으니 당분간은 만나기 힘들 거야."

"잘됐네! 재집(기와집) 아들 수난시대도 이젠 끝났구나. 이제 우리 신세 질 일 없겠네."

실상을 모른 채 부러워하는 죽마고우들의 시선을 등 뒤로 하고 돌아오던 길에 맨 정신으로는 발길이 떨어지지 않아 부평역 포장마차에서 인사불성이 되도록 술을 마셨다. 구르고 빠지고 길옆의 플라타너스를 붙잡고 토하기를 몇 차례. 그때 처음으로 돌아가신 아버지를 외쳤다가 흐르기 시작한 뜨거운 눈물을 주체하지 못하고 몸도 마음도 만신창이가 된 채 어두운 가로수 그늘을 따라 기숙사로 돌아왔다.

그런데 언감생심 그 불모의 가슴에도 사랑이 다가왔다. 그녀는 부모님이 정혼해둔 결혼상대가 싫어서 집을 떠나 피해 왔다가 나와 같은 곳에 다다른 상황이었다. 갈 곳이 없어 먹여주고 재워주는 공장을 현실 도피처로 선택한 동병상련의 처지에 유대를 느꼈고 희미하게나마 작가의 꿈을 간직한 나름의 문학도라는 데서 마음이 통하면서 급격하게 가까워졌다.

우리는 일요일마다 아침 일찍 만나 32번 버스를 타고 종점인 월미도까지 갔다. 거기서부터 출발지인 부평공단을 향해 걷는 것이 데이트코스였다. 공원을 지나 골목길을 돌고 언덕길을 오르기도 하며 하루 종일 생소한 길을 걷다가 어두워질 즈음에 맞추어 공장으로 돌아왔다. 중간에 식사라곤 인천대 모퉁이에서 오백 원어치의 튀김으로 허기를 메우던 것이 전부였지만 만나서 헤어질 때까지 말 한마디 몸짓 하나에 서로 주의 깊게 공감했던 그 일체감이 잠시 막막한 현실을 잊게 해주었다.

회사 근처에 도착해서도 종일 잡았던 그 손을 놓기가 아쉬워 플라타너스 그늘을 따라 공단 외곽 길을 커다랗게 한 바퀴 더 돌고 나서야 서로의 손을 놓았다. 그리고 그 따스한 손바닥의 여운을 간직한 채 기숙사로 돌아와 잠을 청하곤 했다.

그렇게 한 계절이 지나고 늦가을로 접어들 무렵 나는 서울로 올라오신 그녀의 어머니에게 불려갔다.

"자네 지금 하는 일이 뭔가?"

취조하듯 물어온 그 말씀에 대답을 할 수가 없었다. 고개를 숙인 채 돌아 나와 육교를 오르는데 계단이 보이지 않았다.

"자네 지금 하는 일이 뭔가?"

뒤통수에 비수처럼 꽂히며 따라붙던 그 말의 여파가 사라지지 않았다. 가까스로 난간을 붙잡고 선 내 얼굴에서는 식은땀과 눈물이 범벅이 되어 건조한 계단 턱으로 떨어져내리며 흙먼지를 피워올렸다.

이튿날 그녀는 어머니 손에 이끌려 떠나갔다. 공단 앞길에 수북이 떨어져 쌓인 플라타너스 잎을 밟으며 주저주저한 걸음으로 멀어져가던 뒷모습을 잊을 수 없다. 남도의 집으로 돌아간 그녀는 '어떻게 해야 할 지'를 묻는 편지를 보내왔다. 처음 그 편지를 받았던 날은 술을 마시고 엉뚱한 곳에 울분을 토하다 경찰서 신세를 지기도 했다. 이후에도 그녀의 편지를 받는 날이면 고작 '기다려달라'는 답장을 하고 포장마차에서 술을 마셨다. 어느새 앙상해져 둥근 열매를 치렁치렁 무수하게 늘어뜨린 플라타너스 길을 만취한 채로 미친 듯이 걷다가 얼룩덜룩한 나무기둥에 머리통을 찧어댈 뿐이었다.

현실적으로는 아무 변한 것 없이 얼마쯤의 시간이 흐른 뒤, 제대할 때 맡겨둔 예비군복을 가지러 서울의 형 집에 들렀더니 그녀로부터 등기 편지가 와 있었다.

"부평으로 보낸 편지에 회신이 없어 마지막일 것 같은 예감의 편지를 띄웁니다"로 편지는 시작하고 있었다. 힘겹게 써내려간 말 속에 그녀의 의지로는 더 이상 버티기 힘든 주변의 상황과 점차 희미해져가는 나에

대한 믿음이 구절구절 박혀 있었다.

"목숨과도 바꿀 수 있는 운명이라고 굳게 믿어온 그 끈을 이제 놓으려 합니다."

이 뒷부분은 눈물로 얼룩져 절반도 읽을 수 없었다.

플라타너스 길을 볼 때면 영혼의 교감을 느낀 여인의 손을 끝내 잡아 당겨주지 못했던 그때가 다시 떠오른다. 내민 손을 그녀가 지쳐 거둬들일 때까지 바라보기만 했던 무능력한 나 자신에 대한 회한의 감정과 함께.

2부 | 맛 味

산채와 먹거리

젖 떼려고 바르던 쓴맛
소태나무

쥐손이풀목 소태나뭇과의 낙엽성 교목인 소태나무는 잎과 속껍질 그리고 물관부에 함유된 쿠아신quassin이라는 성분이 몹시 쓴맛을 내는 데서 기인한 이름이다. 영국인 식물학자가 붙인 학명 Picrasma quassioides 나 한자 이름 고목苦木에도 쓰다는 뜻이 포함되어 있으니 이 나무의 가장 큰 특징은 쓴맛에 있다.

식물의 이름에는 그 식물과 사람 간의 역사와 문화가 묻어나기 때문에 이름의 유래에 의문을 던지면서 그 나무에 접근해가는 방법은 매우 흥미로운 과정이다. 그러나 아쉽게도 우리나라 식물 어원 분야는 기록도 많지 않고 논쟁도 별로 없어, 처음 기록한 사람이 덧붙인 주석이 별 검증 없이 정설처럼 옮겨다니며 굳어진 것이 대부분이다. 그러다 보니 꽃의 유래에 으레 따라붙는 고만고만한 전설처럼 작위적인 것도 많고, 때로는 가당치 않은 요소들도 적지 않다.

소태나무 역시 이 점에서 아쉬움을 남긴다. 소태나무 이름의 유래는 대부분 소의 태반처럼 쓴맛이라는 설명으로 귀결된다. 하지만 우리 조상들은 특별한 경우가 아니면 소의 태반을 빼앗아 먹지 않았다. 새끼를 낳은 어미소는 송아지를 싸고 있는 태반을 혀로 핥아서 벗긴 뒤 즉시 먹어 치우는데, 어미소가 그 태반을 먹어야 기력을 빨리 회복하고 젖이 잘 돈다고 믿었기 때문이다. 그러니 소의 태반이 정말로 쓴지의 여부를 떠나서 이것이 쓴맛의 대명사로까지 굳어졌다는 해석은 무리가 있다. 오히려 지독하게 쓴맛이 나는 식물은 용담龍膽(용의 쓸개)이라 이름 짓고 용담목으로 분류하지 않던가.

병이 나서 입맛이 싹 가셨거나 도를 넘어서는 소금기 같은 맛을 소태맛이라 한다. 즉 일반적으로 참고 삼키면 약이 되는 한약의 쓴맛과는 구분되는 것이다. 이를테면 단맛의 반대편에 쓴맛이 있다면 꿀맛의 반대편에 있는 것이 소태맛이라 할까? 소태맛, 소태 같다, 소태 씹은 얼굴 등의 표현은 주로 궁핍한 시대를 살았던 할머니 세대쯤의 이야기 속에서 자린고비나 소쩍새 등의 전설과 함께 구전되어왔다. 주로 민중들의 생활상에 등장하며 근·현대 이전의 기록물에서는 찾아보기 어려운 표현이다.

소태나무는 물관부를 약재명 고목苦木이라 한다. 건위제로 쓰이며, 『동의보감』에는 뿌리의 껍질을 설사를 다스리거나 정기를 보전하기 위해 사용한다고 기록되어 있다. 잎은 살충제로 껍질은 섬유재로 유용하게 쓰이는 나무다. 큰 나무가 드물어 지팡이나 땔감 정도로 사용되곤 했는데, 껍질을 벗기면 목질부가 희고 단단하며 가지가 원 줄기와 직각에 가깝게 옆으로 자라는 특징이 있다. 이 때문에 소의 목덜미 위에 얹는 멍에나 쇠

죽을 퍼 담는 나무갈퀴 등을 만들기에 제격이었다.

소태나무는 더디게 크고 오래 사는지라 우리나라에는 수령이 수백 년을 넘긴 소태나무를 신목으로 대접하는 곳도 적지 않다. 그중에서도 천연기념물 제174호로 지정된 안동시 송사동의 소태나무는 수명을 가늠할 수 없는 노거수로 높이가 이십여 미터나 된다.

전국시대의 충신 굴원의 일화에도 소태나무 잎이 등장한다. 초나라의 정치가였던 굴원은 간신의 참소로 추방당해 방랑생활을 하다가 조국인 초나라가 진나라에 의해 멸망하자 자신도 멱라수汨羅水에 몸을 던져 자결한다. 이 날이 음력 5월 5일이었다. 후세 사람들이 그의 충직고결한 정신을 기려 대나무 통에 쌀을 넣어 소태나무 잎으로 감싼 뒤 강에 던지며 굴원의 넋을 위로했는데 이것이 단오의 기원이 되었다. 이 풍습은 나중에 댓잎에 싸서 찐 떡을 먹는 풍습으로 바뀌어 전해졌다고 하는데 아마도 소태나무 잎은 물고기의 접근을 막아 대통 속의 쌀을 굴원이 먹을 수 있도록 하는 용도로 등장한 듯하다.

내친김에 『사기史記』에 전하는 굴원의 「어부사漁父辭」까지 감상해보자. 이 시의 일부 문장은 후세의 정치가를 향한 비판적 격언으로 두고두고 인용되었다.

굴원이 죄 없이 추방을 당해	屈原旣放
강과 못 사이를 쏘다니고	游於江潭
연못가 거닐며 슬픈 노래 읊조리니	行吟澤畔

얼굴은 시름에 겨워 초췌해지고	顔色樵悴
형용은 비쩍 말라 야위었더라	形容枯槁
어부가 이를 보고 물어 말하길	漁父見而問之曰
그대는 삼려대부 아니신가요?	子非三閭大夫與
이런 곳에 무슨 일로 오신 건가요?	何故至於斯
굴원이 대답하여 말하길	屈原曰
온 세상 모두가 흐려 있는데	擧世皆濁
나 혼자만이 맑고 깨끗했으며	我獨淸
뭇 사람 모두가 취해 있는데	衆人皆醉
나 혼자만이 맑은 정신 깨어 있어서	我獨醒
그만 이렇게 추방당한 거라오.	是以見放
어부가 이 말 듣고 말하길	漁父曰
성인은 사물에 막힘이 없어	聖人不凝滯於物
세상과 추이를 같이 한다오	而能與世推移
세상 사람 모두가 흐려 있다면	世人皆濁
어째서 진흙물 흙탕질을 쳐	何不淈其泥
그 물결 더 높이 일으키질 않으며	而揚其波
뭇사람 모두가 취해 있다면	衆人皆醉
그 술지게미 배불리 먹고	何不飽其糟
박주薄酒나마 마셔두지 않고서	而歠其醨
어째서 깊이 생각 높이 행동해	何故深思高擧

스스로 추방을 불러왔나요?	自今放爲
굴원이 이 말 듣고 다시 말하길	屈原曰
내 일찍이 이런 말 들은 적이 있다오.	吾聞之
새로 머리 감은 이는 갓 먼지 털어 쓰고	新沐者 必彈冠
새로 몸을 닦은 이는 옷을 털어 입는다고	新浴者 必振衣
그러니 어찌 이 깨끗한 내 몸으로	安能以身之察察
저 더러움을 받을 수 있으리오?	受物之汶汶者乎
차라리 상수湘水 물가로 달려가	寧赴湘流
물고기 뱃속에 장사지낼지언정	葬於江魚之腹中
어찌 이 희고 깨끗한 내 몸으로	安能以皓皓之白
세속의 티끌을 뒤집어쓸 수 있으리오?	而蒙世俗之塵埃乎
어부가 듣고서 빙그레 웃고는	漁父莞爾而笑
돛대를 올리며 가면서 노래하길	鼓枻而去乃歌曰
창랑의 물결이 맑을 때라면	滄浪之水淸兮
이 내 갓끈 씻을 수 있고	可以濯吾纓
창랑의 물결이 흐릴 때라면	滄浪之水濁兮
이 내 발이나 씻어보리라.	可以濯吾足
마침내 가버리곤 말이 없구나.	遂去不復與言

소태, 소태나무! 소금을 태웠는지, 이 눈치 저 눈치에 오줌을 참다가 오줌소태에 걸린 새댁이 솥을 태웠는지, 간이 맞지 않는 음식을 해온 며

느리에게 '소금소태가 났느냐'고 타박한 시어머니에게서 비롯된 말인지 알 길이 없다. 어쩌면 껍질을 벗기면 희고 매끈한 나무의 특성으로 보아 동네어귀의 '솟대'를 만드는 데 제격이라 붙여진 이름일 수도 있다. 다만 해마다 새끼를 낳던 소 바라지를 하며 유년을 보냈던 민초의 생각으로는 적어도 소의 태반처럼 쓴맛에서 비롯된 이름은 아닐 거라고, 조심스런 반론을 던진다.

농사일과 집안일로 언제나 할 일이 태산인 농경문화 속의 우리 어머니들에게 소태나무는 젖을 뗄 때가 된 아이들에게 사용하던 단골 비방이

소태나무 열매

기도 했다. 금방 벗긴 소태나무 껍질을 젖꼭지에 문질러두면 무심코 젖을 물었던 아이가 그 쓴맛에 다시는 물려 들지 않는 것이다. 그러나 어머니께서 두고두고 하시던 말씀에서 그 효험에도 개인차가 있음을 알 수 있다.

"니 성(네 형)은 딱 한 번으로 끝이었어. 아 그눔 어찌나 매몰차던지 쓴 젖꼭지를 한번 물어보고는 다시는 대가리를 디미는 법이 없었지. 너는 소태맛을 몇 번이나 보고도 울면서 또 대가리를 들이미는 거여! 니 아부진 그걸 보고 매몰차게 떼지 못한다고 타박을 해대구……."

소태껍질을 문질러놓고도 다시 달려들어 젖을 물길 바라는 속마음이 어디 내 어머니만의 것이었을까.

김치의 원조
미나리

"어깨동무 할 사람 여기여기 붙어라!"
어릴 적 학교수업이 끝나고 교문을 나서면 그냥 서로의 집으로 헤어져 가기 아쉬운 아이들이 놀이를 할 아이들을 모은다.

> 어깨동무 내 동무 미나리꽝에 앉았다.
> 어깨동무 내 동무 보리가 나도록 씨동무

신작로가 옆으로 꽉 차도록 나란히 어깨동무를 하고 이 노래를 합창하며 냉면집 쪽으로 올라오다가 '미나리꽝에 앉았다'는 대목에서 제각각 '앉았다' 또는 '섰다'를 외치며 앉거나 서는 놀이였다. 혼자만 앉거나 선한 명이 나오면 떨어져나가거나 술래가 되는 게임이었지만, 누가 술래가 되느냐보다는 길가 쪽으로 밀린 아이가 개똥을 밟거나 양쪽에서 '섰다'를 외치면 가운데 아이는 앉으려다가 대롱대롱 매달리는 우스꽝스런 장면

들이 더 큰 재미였다. 전국적으로 구전되는 이 노래에 등장하는 미나리꽝은 '미나리 광'을 세게 발음한 말인데 광은 창고를 뜻하는 순우리말이다.

오래 전부터 우리 민족은 집에서 가까운 곳에 미나리를 길러 밥상에 야채를 공급했는데 뜯으면 또 새순이 나는 화수분 같은 풀이라 자주 드나들다 보니 창고라 부를 만큼 친숙한 공간이었던 모양이다. 미나리꽝은 무성한 미나리에 가려 보이지는 않지만 바닥 부분에 늘 물이 흥건하게 차 있어서 무심코 앉았다가는 엉덩이가 젖어 우스꽝스러운 모양새가 된다. 이런 점 때문에 놀이말로도 등장한 듯하다.

미나리는 아주 오래전부터 야채로 이용된 식물로, 중국과 우리나라의 여러 기록에 모습을 드러낸다. 『시경』에 의하면 하·은·주 시기 양쯔강 유역에서 미나리를 식용으로 재배했으며 인재를 발굴하는 일을 미나리 뜯는 일에 비유한 대목도 전해진다. 또한 진秦나라 재상 여불위가 편찬한 『여씨춘추』에는 "양자강 유역을 중심으로 채소 가운데 가장 맛이 좋은 것은 운몽 지방의 미나리"라는 기록이 있다. 함께 전하는 '살진 미나리를 임금님께 바치고 싶네' 하는 노래는 '야인헌근野人獻芹'이라는 고사성어의 유래가 되었다.

우리나라의 기록으로는 『고려사』「열전」 '반역임연反逆林衍' 조에 근전芹田이라는 표현이 등장하며 조선시대에 들어서는 왕조실록이나 본초서, 요리서 등에 비교적 많은 기록이 남아 있다. 기록으로 미루어 보면 미나리는 우리 조상들이 고려시대 이전부터 인공적으로 가꾸어 먹던 채소였던 듯하다.

『동의보감』에는 "갈증을 해소하며 머리를 맑게 하고, 주독 제거, 대·소장의 소통과 황달, 부인병 등에 효과가 있는" 약재로 기록되어 있으며, 세종실록에는 "제사상에 미나리김치를 두 번째로 진열해야 한다"고 쓰여 있다. 한편 1488년(성종 19년) 명나라 사신으로 왔던 동월董越이 쓴 「조선부朝鮮賦」에는 "한양과 개성에서는 집집마다 모두 작은 연못에 미나리를 심는다"는 기록이 있어 '미나리꽝'의 유래를 짐작할 수 있다.

산형화목 미나리과의 호습성 다년초 미나리는 뿌리를 물에 담근 채 자라는 물미나리와 물 근처의 흙에 뿌리를 박고 자라는 돌미나리로 구분되기도 한다. 나리, 개나리, 까나리, 희나리 등 우리말 이름의 나리 무리 중 하나로서 그 이름도 고운 미나리. 필자의 생각으로 '나리'는 그 어원이 날日(낮, 햇볕)에 있고, 미나리의 '미'는 미더덕이나 미역처럼 물에서 왔으리라 유추해본다.

미나리는 조선 후기에 급격히 보급된 배추에 그 자리를 내주기까지 오랫동안 김치의 주재료로 우리 밥상에 올랐던 풀이다. 원래 김치는 나박김치 등과 같이 국물과 함께 떠먹을 수 있는 음식을 가리키는 말이었다. 그러나 언제부터인가 엄밀히 말하면 '짠지'에 해당했던 지금의 배추김치에 이름을 내주고, 물김치라는 이름으로 명맥을 유지하게 되었다. 하지만 내 기억 속의 김치 중에는 여전히 봄마다 빠짐없이 상에 오르던 살 오른 돌나물에 미나리를 곁들인 물김치가 1등이다. 툭툭 씹히는 시원한 돌나물의 감촉과 봄을 통째 머금은 듯 입안 가득 퍼지던 미나리 향은 어머니의 손맛 중에서도 최고였다.

"어머님! 이거 어떻게 하는 거예요?"

그 향긋한 맛에 반한 순이가 물을라 치면 늘

"그냥 소금간만 맞추면 돼."

하시던 어머니. 그러나 순이와 나는 끝내 그 맛을 재현해내지 못했다.

매운탕에 아구찜에 복지리에, 요즘에도 미나리는 어느 요리에든 빠지지 않는 식품이지만, 피치 못할 간밤의 주독으로 머리가 지끈지끈한 날이면 그저 어머니의 담백한 미나리물김치 생각이 간절하다. 『청구영언』에 전하는 작자미상의 시조가 고대 중국에서 조선 후기까지의 미나리의 역사를 대변해준다.

겨울날 따스한 볕을 님 계신 데 비추고자
봄 미나리 살진 맛을 님에게 드리고자
님이야 뭣이 없으리만은 내 못 잊어 하노라.

강남에서 온 옥빛 수수
옥수수

"우리 인민들이 강냉이밥을 먹고 있는 것이 가장 마음 아프다."

2010년 2월 1일자 노동신문에 게재된 김정일 전 북방위원장의 말이다. 아프리카에서도 옥수수죽조차 먹지 못해 굶어 죽는 어린아이들이 속출한다. 그러나 갖춰진 구호품조차 전달 루트를 찾지 못하는 경우가 많아, 무수한 아이들이 기아 속에 방치되어 있다.

옥수수가 어쩌다 굶어 죽을 상황에 처한 가난한 나라 국민들의 최후 연명식이 되었을까? 옥수수는 남미 안데스 산맥의 저지대나 멕시코쯤이 원산지로 추정되는 벼과의 1년생 초본 식물로 알곡 중에서는 단위면적당 생산량이 가장 많다. 생산 단가가 낮은 데다 가공과 보관, 운반 등이 용이해 제3세계에 지원할 때 가장 우선적으로 고려하는 식량이 되었으며 세계 3대 작물 중 하나다. 그러나 정작 전 세계 생산량의 60퍼센트 정도를 차지하는 미국에서는 주로 식용 가축의 사료로 재배되고 있다. 이렇듯 옥수수는 굶어 죽는 아이들이 있는 상황에서 가축의 먹이로 쓰이고 부유한

이들은 그 고기를 먹는, 전 지구적 식량문제의 현주소를 보여주는 작물이기도 하다.

옥수수는 1492년 콜럼버스가 아메리카 대륙에서 재배하던 종자를 스페인으로 가지고 돌아간 이후 약 30년에 걸쳐 전 유럽에 전파되었다. 그 뒤 지중해를 건너 아프리카로, 16세기 초에는 인도와 동남아를 거쳐 중국까지도 퍼졌다. 1596년에 발행된 이시진의 『본초강목』에 옥촉서玉蜀黍라는 단어가 등장하는데 이는 '옥빛이 나는 수수'라는 뜻이다. 촉서蜀黍는 '수수'로 발음되니, 이것이 옥수수의 어원인 것으로 보인다. 옥수수를 지칭하는 또 다른 표준어로 '강냉이'가 있는데 이는 당시 강남 지방, 즉 양쯔강 이남에서 들어온 것이라는 의미를 담고 있다.

우리나라에서는 1766년 유중림의 『증보산림경제』에 옥수수의 재배 실태와 먹는 방법이 나온다. 이것이 최초의 기록인 것으로 보아 옥수수가 국내에 전래된 것은 16세기 후반에서 17세기쯤으로 추측된다.

옥수수는 강원도나 함경도 지방에서 많이 재배됐다. 어릴 적 성황림 마을에서는 다락논에 벼를 키우는 외에 비탈밭에 심는 감자나 옥수수 그리고 화전에 부치던 콩, 팥이 농사의 거의 전부였다.

옥수수는 생육기간이 짧고 재배에 손이 그다지 많이 가지 않으며 병충해가 적기 때문에 농사짓기에 비교적 수월한 편이다. 5월에 씨앗을 파종한 뒤 싹이 올라와 손가락만큼 크면 한 자리에 한 포기씩만 남기고 솎아내며 아이매기(첫 김매기)를 해준다. 무릎 높이쯤 자랐을 때 두벌매기를 해주면 다른 풀들을 이기고 무럭무럭 자라게 되는데 키 높이 이상으로 자

라는 작물이라 한창 자랄 때와 꽃 피는 시기에 웃거름(비료)을 주지 않으
면 결실이 부실해지기 쉽다.

　"옥수수 개꼬리 올라올 무렵"

　강원도 지방에서 무더위가 기승을 부리는 한여름을 가리키는 말이
다. 키보다 훌쩍 자란 옥수수는 한여름이 되면 꼭대기에 상아색 수꽃을
피우는데 나올 때의 모양이 짐승의 꼬리 모양이라 이를 개꼬리라 불렀다.

암꽃은 그루의 중간에 붉거나 노란 수염 모양으로 피는데 이 무렵 바람이라도 살짝 불면 개꼬리 끄트머리마다 한 마리씩 앉은 잠자리와 그 아래로 농익은 수꽃의 꽃가루가 날리며 떨어져내리는 풍매화의 진풍경을 눈으로 확인할 수 있다.

여러 겹의 껍질로 둘러싸여 있지만 암꽃인 수염이 마른 정도를 보면 옥수수알이 얼마나 영글었는지를 알 수 있다. 수염이 반쯤 마르고 알맹이가 아직 다 굳어지기 전의 옥수수를 풋옥수수라 하는데, 이때부터 옥수수의 다양한 쓰임새는 시작된다. 양식으로, 간식으로, 수입원으로까지, 산간 지방 사람들의 삶 여기저기에 자리하는 것이다.

찰옥수수는 풋것일 때 솥에 물을 반쯤 부은 뒤 당원이나 사카린*을 조금 넣고 삶아서 먹는다. 늦여름이면 성황림마을의 거의 모든 집에서 솥하나에 풋옥수수를 가득 삶아놓고 간식으로 먹었다. 삶은 옥수수가 쉬지않도록 몇 번쯤 물을 붓고 재차 삶으면 알맹이가 불어터져 특유의 맛을 냈고, 삶아서 말린 풋옥수수는 겨우내 화롯불에 구워도 먹고 재차 삶아서도 먹는 주전부리였다.

풋옥수수의 다양한 쓰임새 중 백미는 올창묵(외지인은 올챙이국수라 했다)이다. 찰기가 없는 옥수수는 '메옥수수' 또는 '미국강냉이'라 불렸는데 찰옥수수보다 크고 흰 빛을 띠었다. 메옥수수 풋것을 맷돌에 갈면 흰 즙이 나오는데 계속 끓이면 점차 걸쭉해진다. 그러면 이것을 구멍이 숭

---

* 당시에 단맛을 내던 감미료.

숭 뚫린 바가지에 퍼 담고 구멍으로 뚝뚝 떨어지는 것을 찬물에서 식힌다. 이렇게 완성된 것을 올챙이를 닮았다 하여 올챙묵이라 했는데, 양념 간장을 넣고 먹으면 별미 중의 별미로서 한 그릇을 후딱 비우고 포만감에 돌아서면 곧바로 배가 꺼져버리는 것이 특징이다. 좀 이른 여름에도 어머니를 졸라 알맹이도 채 크지 않은 메옥수수를 따다가 올챙묵을 해 먹었던 기억이 있다.

가을이 되어 옥수수가 영글면 그것을 따서 집으로 나르는 것도 큰일이었다. 소의 등에 질메(길마)와 발채를 얹고 옥수수를 실어 나른다. 마당가의 대추나무에 칡넝쿨을 걸고는 어른 키보다 큰 옥수수 타래미를 만들고 배나무 가지에도 부엌 한쪽의 서까래에도 여기저기 타래미를 만들었다. 겨우내 옥수수 타래미를 하나씩 헐어 방에 그득 들여놓고는 온 식구가 둘러 앉아 옥수수를 까는 날이면 겨우 누울 자리만 치우고 잠이 들기도 예사였다.

당시 성황림마을에는 옥수수를 맷돌로 거칠게 갈아 만든 '옥수수쌀'을 주식으로 먹는 집이 적지 않았다. 갓 지었을 땐 먹을 만하다가 식으면 딱딱하게 굳어버려 까끌하기 그지없는 옥수수 쌀밥만 먹다 보면 가끔 부드러운 것이 먹고 싶게 마련이다. 그럴 때면 옥수수를 능거서* 삶은 강낭콩과 팥을 섞은 뒤 죽처럼 버무려 끓인 옥수수 범벅을 해 먹었는데 이 역시 별미였다.

---

* 절구에 살짝 찧어 겉껍질만 벗기는 것.

포대기에 끄려 업은 아이가 칭얼거릴 때 꼬챙이에 꿴 삶은 옥수수를 어깨너머로 주면 한동안 잠잠해진다. 온 식구가 둘러앉아 하모니카처럼 불어대다가 적막이 어색할 때면 남은 알을 떼어내는 놀이를 하기도 했다. 겨울이면 보름에 한 번쯤 올라와 냉면집 공터에 자리를 펴던 강정쟁이*에게 튀길 분량 만큼의 옥수수를 돈 대신 주기도 했고 때로 동냥하는 상이군인을 보면 왠지 모를 위압감을 느끼며 옥수수 몇 홉을 자루에 부어주었다.

토막 난 옥수수는 쥐덫에 놓는 미끼로도 유용했다. 신발짝만 한 쥐가 옥수수를 먹으려다 스프링 쥐창애(쥐덫)에 끼어 긴 겨울밤, 숨이 넘어갈 때까지 찍찍거리곤 했다. 어머니께서 아랫목 장판이 시커멓게 타도록 불을 때가며 고아주시던 엿과 조청도 옥수수로 만든 겨울 간식이었고, 부뚜막 한 귀퉁이에 독을 묻은 뒤 감쪽같이 덮어둔 밀주密酒의 주재료 역시 옥수수였다. 먹을 것 궁하던 그 시절, 유엔의 구호품으로 노란 미국 옥수수 가루가 들어오면 초등학교에서 그것으로 빵을 만들어 무상으로 나누어주기도 했다.

옥수수의 용도는 먹을 것에서 끝나지 않는다. 한여름이면 키를 넘게 훌쩍 크는 옥수숫대는 아래쪽은 잎이 적고 위쪽만 무성해 그 사잇길로 들어서기가 좋다. 뙤약볕은 물론 주변의 눈마저 가려주니 이곳이 청춘남녀의 데이트 장소가 되기도 했고, 때로 볼일 급한 사람들의 뒷간이

* 옥수수뻥튀기를 튀기는 사람.

되기도 했다. 풋옥수수를 따고 난 옥수숫대의 속은 씹을수록 단맛이 나서 아이들이 질겅질겅 씹고 다녔고, 영근 옥수수를 따내고 난 마른 섶(옥수숫대)을 단으로 묶어 짠지광* 주변에 둘러 세우면 비바람을 막는 역할을 했다.

특히 강원도 지방에서는 옥수숫단을 밭에 세워뒀다가 조금씩 날라다 작두로 잘게 썰어 겨우내 쇠죽을 끓이는 데 썼다. 여물을 썰다가 이 빠진 옥수수라도 발견하면 그날 쇠죽불 땔 때 구워먹는 횡재를 하기도 한다. 옥수수 알을 싸고 있던 껍질도 쓰임이 있다. 속껍질일수록 하얗고 보드랍고 깨끗한 데다 자잘한 골 주름 덕에 감촉까지 좋아, 뒷간에 두고 큰 볼일의 뒤처리에 사용했다. 옥수수를 먹고 난 속대는 싸리나무 가지를 꽂아 손잡이를 만들어 등 긁개로 썼으며 나머지는 겨울밤 군불로 지폈다.

옥수수의 암꽃인 수염은 한방에서 이뇨제나 신장병 약재로도 쓰이며 맛이 구수하니 최근에는 음료로 개발되어 인기를 구가하고 있다. 빈곤국가의 식량에서 현대인의 아침 간편식 그리고 팝콘이라는 글로벌 간식까지, 산간마을의 경계 밖에서도 여전히 옥수수의 눈부신 활약은 계속된다.

더듬다 보니 옥수수는 지역별로 다양했던 인류의 식생활을 세계화, 표준화 시켜놓은 주범이다. 풋것에서부터 영근 알곡이며 몸체까지 송두리째 인간 세상에 내어준 죄밖에 없는 네게 어찌 그 책임을 물으랴만.

---

* 김치를 짠지라 했다. 짠지항아리를 묻은 곳.

산채의 영의정
더덕

요리에 의술까지 뛰어나 천민에서 궁중 주치의 자리에까지 오르며 조선 중종 대를 풍미한 여인 대장금. 그녀의 이야기는 드라마로 제작되어 안방 시청자들의 사랑을 받더니 한류열풍과 더불어 세계 각 나라로 수출되어 우리나라 역사와 문화에 대한 인식을 새롭게 하는 계기가 되었다.

요리를 매개로 얻을 수 있는 벼슬의 한계는 어디까지일까? 뜬금없는 화두 같지만 이긍익의 『연려실기술燃藜室記述』에 '세간에서 불리는 노래'라며 실린 다음과 같은 기록이 눈에 띈다.

"처음에는 더덕 정승의 권세가 드높더니 지금은 잡채 상서의 세력을 당할 자가 없다."

더덕 정승은 더덕요리로 광해군의 총애를 받아 출세한 한효순을 비꼬는 말이고 잡채 상서는 잡채를 바쳐 호조판서까지 오른 이충을 조롱하는 말이다. 조선왕조실록에도 그 내용이 나오는데 광해군일기 11년(1619) 3월 5일자에 "한효순의 집에서는 더덕으로 밀병蜜餅을 만들고 이충은 잡채에 다른 맛을 가미했는데 맛이 독특했다"는 기록이 있다.

'꿀 밀蜜'에 '떡 병餠'자를 썼으니 더덕에 찹쌀가루를 입혀 기름에 지진 것을 꿀로 버무린 더덕강정에 가까운 음식이 아니었을까 짐작된다. 임금의 총애로 이어질 정도였으니 그 맛이 기가 막히게 좋았던 모양이다.

한효순은 본래 임진왜란 때 좌도감사나 삼도수군의 병참 담당으로 큰 기여를 한 사람이다. 그런데 광해군이 집권한 뒤 이이첨에게 붙어 인목대비를 몰아내는 데 앞장서면서 부정적 인물로 기록되기 시작했다. 여하튼 우리 역사에서는 드물게 음식으로 왕의 총애를 받아 벼슬이 올라간 인물로서, 일약 당대 권력의 핵심인 좌의정까지 올랐다.

더덕은 초롱꽃과의 여러해살이식물로 뿌리는 인삼을 닮고 줄기는 덩굴성을 띠는 뿌리나물이다. 일교차가 큰 고산지대에서 자랄수록 뿌리의 독특한 향이 강하다. 더덕 뿌리는 맛이 좋고 영양도 풍부해 예로부터 생채나 지지미, 구이, 장아찌 등 다양한 요리에 애용되어왔다.

더덕에 관한 기록은 송나라 휘종이 고려에 국신사國信使를 보낼 때(1123) 수행한 서긍徐兢이 송도에서 보고 들은 것을 그림을 곁들여 기록한 『고려도경高麗圖經』의 다음과 같은 구절로까지 거슬러 올라간다.

"관에서 매일 내놓는 나물에 더덕이 있는데, 그 모양이 크며 살이 부드럽고 맛이 있다. 이것은 약으로 쓰는 것이 아닌 것 같다."

그 뒤의 기록은 조선 세종 때 지은 『향약채취월령』이나 『향약집성방』 등에서 보이는 "가덕加德"이라는 표현이다. 1884년에 출간된 홍승면의

『백미백상百味百想』에서는 더덕을 가리켜 "산채의 영의정"이라 칭하기도 했다. 이러한 기록들로 미루어 더덕이 우리의 밥상에서 귀중한 산채로 대접받아온 오랜 역사를 짐작해볼 수 있다. 그러나 『고려도경』의 표현에서 보듯 당시 중국에서는 모양이 비슷하게 생긴 초롱꽃과 잔대 속의 뿌리를 사삼沙蔘이라 하여 약재로 사용했을 뿐 더덕을 나물로 식용하지는 않았던 듯하다.

조선중기에 편찬된 우리 의학서 『동의보감』에는 어찌된 경위인지 사삼이 더덕을 가리키는 것으로 기록되어 있다. 이 때문에 지금도 민간에는 더덕이 사삼이라는 인식이 퍼져 있는데 『동의보감』의 원전쯤 되는 명대의 『본초강목』이나 송나라 때의 본초서 『증류본초』 등을 함께 참고하는 한방의학계에서는 잔대를 사삼으로 보고 있다. 잔대와 더덕을 캐러 다녔던 산간마을 주민의 한사람으로서, 한자어 '사삼'에 어울리는 것은 단연 잔대라고 생각한다. 더덕은 반쯤 응달진 습지의 보통 흙에서 잘 자란다면 잔대는 양지의 건조한 사질양토에서 잘 자라는 특성이 있기 때문이다.

더덕은 어린 시절 나물철이 되면 아침 일찍 나물산행을 나가셨다가 날이 이슥해서야 돌아오시던 어머니의 커다란 보따리에서 이따금씩 데구르르 굴러 나오던 보물 같은 산채다.

어머니께서 머리에 이고 허리에 두르신 나물보따리를 내려놓고 숨을 돌리시는 사이 누나와 나는 보따리를 풀어 각자의 선물을 찾아내기 바빴다. 어떤 날은 송구* 어떤 날은 산버들가지 또 어떤 날은 개불알꽃이었다. 꽃이 일그러질세라 어머니가 잡숫고 난 벤또** 안에 넣어오신 개불알꽃을 찾아내면 남매는 기뻐하며 소란을 떨곤 했다. 한숨을 돌리신 어머니는 곧 두릅이며 취나물, 고사리와 모싯대, 참나물, 다래순 등의 수확물을 종류별로 분류하셨다. 그러다 그 속에서 이따금씩 더덕이 굴러나오면 누나와 나는 손에 진을 묻히면서도 서로 제 앞에 가져다놓기 바빴다.

어느 날인가 나물산행을 가셨던 어머니께서 해가 중천에 떠 있는데 평소의 반도 안 되는 수확물 보따리를 이고 돌아오셨다.

"왜 이래 빨리 왔어유?"

누나와 내가 의아해 묻자 무용담을 쏟아놓으신다.

"가랑잎 사이로 뾰족하니 올라온 더덕 싹을 보고 무심결에 호미를 대는데 살무새(살모사)가 손등을 물데! 그래서 생각할 것두 없이 가랑잎을 헤치고 흙을 세 번 집어 먹었잖나. 물리구 나서 사람이 흙을 먼저 먹으면 사람독이 뱀으루 가는 거여. 몇 뼘도 못 가서 축 늘어지는 그눔을 보니 고만 나물할 덧정이 없어져 그냥 와버렸지."

골짜기를 가리키시는 어머니의 손등이 제법 부어오른 것을 보면서도 우리는 병원이란 단어조차 떠올리지 못했다. 어머니는 "사람이 뱀독을 타면 몇 발짝도 안 가 눈이 안 보이는 법"이라며 오히려 우리를 안심시

---

* 물오른 소나무 가지.
** 일제의 잔재로 그때까지도 도시락을 대부분 그렇게 불렀다.

컸다. 잠시 뒤에 돌아오신 아버지께서 어머니의 손등 상처에 된장을 바르고 묶어주셨는데 며칠 동안을 그렇게 부어 있었고, 부기가 조금씩 빠지자 어머니는 바로 또 산막골이며 거무내골로 나물산행을 다니셨다.

그렇게 나물보따리에 드문드문 끼어온 더덕은 어떻게 해도 훌륭한 반찬이었다. 껍질을 까고 잘게 찢어 지지미를 하거나 고추장을 발라 구워 먹어도 별미였지만 대개는 더덕장아찌를 담갔다. 어머니는 물에 씻은 더덕을 껍질째 고추장에 박았다가 간이 배면 꺼내어 오이지처럼 둥글게 썰어주셨는데, 입맛 없는 여름에 찬물에 만 밥과 함께 먹던 그 더덕장아찌는 지금까지도 먹어본 중에 가장 맛있는 반찬이며 가장 그리운 음식이다.

산불로 타버린 산이나 화전 주변에는 재거름에 의한 지력으로 굵직한 고사리와 함께 붉은 더덕줄기가 올라왔다. 군 시절 더덕 맛을 들인 고참들이 굳은 일을 면제해주면서 철원 신수리의 부대 뒷산으로 더덕을 캐오게 시키기도 했다. 도시에서 살던 순이가 어쭙잖은 예술 합네 학술 합네 하는 남편을 따라 이산 저산 험한 골짜기를 넘으며 다닐 수 있었던 것도 더덕 캐기에 재미를 붙여준 덕분이다. 더구나 더덕은 한겨울에도 캘 수 있는 겨울철 유일의 산채가 아니던가.

그러나 더덕과 같이 생명력 강한 산채도 인간과 함께라야 번성하는가 보다. 골짜기마다 화전민이 그득하고 나물과 약재를 채취하는 눈들이 버글버글하던 시절에는 오히려 굵고 실한 더덕도 많았는데 화전민이 나가고 사람의 발길이 끊긴 골짜기에는 이제 별 쓸모가 없는 초목류만이 얽히고설켜 있다. 산림 감찰을 나온 공무원들은 속도 모르고 산림이 자연생

태를 회복했다며 산림녹화네 치산치수네 하는 보고서를 써 올릴지도 모르겠지만.

외양이 비슷하지만 껍질이 반질반질 매끈한 인삼이나 도라지와 달리 울퉁불퉁하고 묵은눈의 혹이 덕지덕지 붙은 더덕. 떠올리면 우리 음식의 역사와 어린 시절의 추억 뭉치들이 더덕더덕 붙어 나오는 으뜸의 산채다.

부지런한 며느리의 홑잎나물
화살나무

청자 빛 하늘이

육모정 탑 우에 그린 듯이 곱고

연못 창포 잎에

여인네 맵시 우에

감미로운 첫여름이 흐른다

라일락 숲에

내 젊은 꿈이 나비처럼 앉는 정오

계절의 여왕 오월의 푸른 여신 앞에

내가 웬일로 무색하구 외롭구나

밀물처럼 가슴속으로 몰려드는 향수를

어찌하는 수 없어

눈은 먼 데 하늘을 본다

기인 담을 끼고 외따른 길을 걸으며 걸으며
생각이 무지개처럼 핀다

풀냄새가 물큰
향수보다 좋게 내 코를 스치고
청머루순이 뻗어 나오던 길섶
어디메선가 한나절 꿩이 울고
나는
활나물 홑잎나물 적갈나물 참나물을 찾던―
잃어버린 날이 그립지 아니한가 나의 사람아

아름다운 노래라도 부르자
서러운 노래를 부르자

보리밭 푸른 물결을 헤치며
종달새모양 내 마음은
하늘 높이 솟는다

오월의 창공이여

나의 태양이여

―노천명, 「푸른 오월」

5월의 한가운데에서 잃어버린 5월을 그리워하는 노천명의 시에 등장하는 홑잎나물이란, 화살나무나 회잎나무의 연한 잎을 말한다. '갓 시집온 새댁이 산나물 서른 가지를 모르면 굶어죽는다'거나 '아흔 아홉 가지 나물노래를 부를 줄 알면 삼년 가뭄도 이겨낸다'던 속담이 생활의 지침쯤으로 여겨지던 시절, 이른 봄에 가장 먼저 훑어다 먹던 잎나물이 바로 이 홑잎나물이었다.

홑잎은 생강나무의 꽃이 필 즈음 연한 녹색의 잎을 피워낸다. '부지런한 며느리도 세 번 뜯기 힘들다'는 말이 있을 정도로 새순이 돋았다 싶으면 순식간에 피어버리는 것이 특징이다. 그런 뒤에는 이내 복숭아꽃 살구꽃 등으로 뒤덮이는 봄 산에서 꽃들 사이사이에 푸릇푸릇 자리하여 신록의 배경색을 이룬다.

노박덩굴과의 낙엽관목인 화살나무. 나무의 이름은 수피에 화살의 날개모양으로 돋은 코르크층 때문에 붙여졌다. 한자명은 '귀신의 화살 날개'라는 의미의 귀전우鬼箭羽 또는 신전목神箭木이다. 새로 돋은 연한 잎은 나물뿐 아니라 덖어서 차로 마시기도 했으며 코르크질의 날개는 어혈을 풀어주고 혈액순환을 촉진하는 약재로 사용되었다. 또한 도가 의식에서 비밀 의술의 도구로 쓰기도 했다고 알려져 있다.

　　화살나무는 관목 형태로 자라는 종으로서, 커봐야 사람 키를 살짝 넘는 정도인 데다 가지가 많고 굵기 또한 엄지손가락을 크게 웃돌지 않는다. 그러니 목재로서의 용도는 기껏해야 아이들의 고무줄새총 가지나 땔감 낫나무*에 그친다. 그러나 가을이 되면 색깔 고운 단풍과 쌀알 크기로 맺히는 선홍색 열매로 다시 눈길을 끄니, 보임새를 높게 평가하는 요즘은 정원수나 가로수 생울타리로 각광받는다.

---

*　굵기가 가늘어 낫으로 베어다 때는 나무.

어릴 적 장날과 일요일이 겹칠 적이면 성황림마을에서 신림 장터까지, 신작로에 어른들 발길이 끊이질 않았다. 그러면 이때를 이용해 아이들 몇몇이 뭉쳐 평소에는 엄두도 못 내던 장터 근처 철길까지 내려가곤했다. 결성된 무리를 우리끼리는 '철길원정대'라고 불렀다.

철길원정대란 신림 면내를 가로지르는 중앙선 철길에서 모험을 즐기는 아이들이다. 우리는 신축 교실 마루 밑에서 주운 못을 철길에 올려놓고 기차가 통과한 뒤 납작해진 못을 가져오는 놀이를 했다. 이렇게 만든 납작한 못은 산병풍마을 아이들의 동경인 그 철마괴물을 가까이 느껴보았다는 상징성을 가지고 있었다.

어느 날은 의기투합한 몇 명과 당숲에서 만나 철길 원정에 갈 생각에 들떠 있는데 아침을 잡수시던 아버지께서 말씀하셨다.

"막내는 오늘 사랑방에 잠박 덕* 매는 일 좀 거들거라."

이 한마디에 꼼짝없이 붙들린 나는 입을 댓 발 내민 채 마지못해 일을 도와야 했다.

잠박 덕 매기는 작년에 잘라다 말려둔 팔뚝 굵기의 낙엽송을 방 크기에 맞춰 잘라 칡 줄기로 동여매는 작업이다. 여기서 내가 돕는 것은 긴 나무의 끝을 옆에서 받쳐주는 간단한 일이었지만, 잘린 낙엽송의 목질부에 거스러미가 일어나 있어서 잔가시가 박히기 십상이었다.

철길에 미련을 버리지 못한 채 억지로 일을 돕고 있는데, 거의 마쳐

---

* 기둥을 세우고 나무를 가로질러 잠박(누에를 담은 채반)을 여러 층으로 얹을 수 있도록 만든 시렁.

갈 무렵 시렁 맨 윗부분을 고정시키려고 아버지가 딛고 올라선 부분의 칡 매듭이 풀어지면서 그 장대가 아버지의 몸무게와 함께 내 뒷덜미께로 떨어져내렸다.

울고 싶던 차 뺨 맞은 심정으로 나는 방이 떠나가라 울어 재꼈다. 낙엽송 장대에 긁혀 가시가 박히고 핏방울이 송글송글 맺힌 목덜미가 아프기도 했지만 철길에 못 간 서러움이 더 컸다. 미안한 듯 안쓰러운 표정을 지으시던 아버지가 박힌 가시를 털어준다며 수수 빗자루로 상처 부위를 쓸어내릴 땐 아예 엄살을 더해 방바닥을 뒹굴었다.

"허어, 녀석!"

환갑이 다 돼서 얻은 늦둥이의 앙탈 섞인 발버둥에 노인 아버지는 더 대꾸를 않으셨고 분이 덜 풀린 내 몽니는 나물산행을 다녀오신 엄마에게까지 이어졌다.

"어이구, 낙엽송 가시가 얼마나 깔끄러운데, 쯧쯧."

내 상처를 불어주며 달래는 엄마에게 아버지는 "원, 애를 그렇게 위하는 게 위하는 거여? 저렇게 끼구도니 버릇만 나뻐지지" 하며 마당으로 내려서셨고 곧이어 대문 여닫는 소리가 들렸다.

울다 지쳐 얼핏 잠이 들었을까? 목덜미에 느껴지는 차가운 감촉에 깨어보니 어머니가 끈적한 것을 내 상처 부위에 붙이고 있었다.

"아유 싫어! 이게 뭔데?"

"곪지 말라구 마 뿌리를 찧어서 화살나무 재를 섞은 거여. 가시 박힌 데는 이만한 양밥*이 없다구 아부지가 어두운 산에 가서 해온 거여."

"아, 닿기만 해두 쓰라려서 싫다구. 아 싫어!"

'양밥'이라는 말이 노인들이나 믿는 구닥다리 미신 같았던 데다 친구들과 놀지 못한 심통이 남았는지 나는 악을 쓰며 약을 거부했다. 아버지는 방 한쪽에서 긴 곰방대에 풍년초를 쟁이다 이따금 헛기침을 하시며 내 하는 양을 말없이 보고 계셨다.

"어이그 저 곤주통(곤조통)!"

윗방의 누나가 혀를 찰 정도의 실랑이가 계속됐지만 내 앙탈에 어머니는 그 약을 끝내 상처에 붙이지 못했다.

이튿날 아침 세수를 하려고 부엌에 더운물을 뜨러 갔다가 태우다 만 화살나무 가지를 보고서야 아버지에 대한 미안함이 슬그머니 밀려왔다. 그 뒤 낙엽송 가지가 깊이 박힌 두어 군데가 곪기도 하고 거의 아물던 딱지를 참지 못하고 잡아떼기도 해 오랫동안 고생을 했다. 그러나 약을 거부한 잘못이 있어 아픈 내색을 하지 못했고 그 일이 있은 뒤로 누나는 나를 곤주통이라고 불렀다.

연로하신 아버지는 몇 년 뒤 세상을 뜨셨는데 사각사각 비 오는 소리처럼 뽕잎을 갉아 먹는 누에방에만 누우면 어둑어둑한 뒷산에 올라 화살나무를 찾아다니셨을 아버지 생각이 났다. 본래 인자하신 성품이지만 나에게는 엄한 모습을 보이려 하셨던 노인 아버지. 늦둥이로서 아비 없이 헤쳐가야 할 세상에 조금이라도 적응시키려는 뜻이었을 것이다. 지천명

---

* 액운이나 병마 등을 물리치고자 민간에서 행하던 미신적 행위.

에 나무공부 바람이 들어 화살나무에 관한 자료를 뒤적이다가 '날개를 태운 재가 살에 박힌 가시를 빼내는 효과가 있다'는 구절을 보고 왈칵 솟는 눈물을 참을 수가 없다.

자시오
잣나무

대동강 물을 팔아먹은 이야기로 유명한 봉이 김선달이 유랑 중에 어느 마을을 지날 때였다. 오랜 걸음으로 출출한지라 허기를 면하기 위해 그는 꾀를 낸다. 만물상 앞을 기웃거리던 김선달은 점원이 나오자 걸려 있는 옷을 가리키며 "이것이 무엇이요" 하고 물었다. 점원이 "옷이요" 하고 대답하자 재빨리 안으로 들어선 김선달은 그릇에 수북이 담긴 잣을 가리키며 다시 물었다. "이것은 무엇이요." 점원은 김선달을 힐끗 보더니 그것도 모르냐는 투로 "잣이요" 하고 대답했다. 그러자 김선달은 수북이 쌓인 잣을 허기를 면할 정도로 털어먹고는 벽에 걸린 갓을 가리켰다. "저건 무어요?" "갓이요!" 통명스러운 대답이 돌아오자마자 기다렸다는 듯 가게를 나서는 김선달을 점원이 붙잡았다.

"아니 잣을 드셨으면 값을 치르고 가야 할 것 아니오."

"무슨 소리요? 나는 당신이 오래서 왔고 자시래서 먹었고 가래서 갈 뿐인데."

'썰렁개그'의 원조쯤 될 법한 이 이야기는 조선 후기의 사회상을 풍자한 봉이 김선달의 일화다. 이야기 속에서 봉이 김선달의 허기를 메워준 잣은 고소한 맛과 높은 영양가를 지녀 예로부터 식혜, 수정과, 각종 차나 과자류 외에도 영양식, 잣죽 등으로 널리 이용되어왔다. 뿐만 아니라『본초강목』이나『고려사』등 여러 기록에서 조공품 또는 진상품으로 고려인삼과 함께 우리나라를 대표하는 특산품으로 취급하고 있다.

　잣나무는 구과목 소나뭇과의 상록교목으로 시베리아 동부와 만주 지방 그리고 우리나라와 일본열도의 중부에 분포한다. 서늘한 기후를 좋아하기 때문에 남부 지방에서는 해발 1000미터, 중부 지방에서는 500미터 이상에서 잘 자라는 나무다.

　잣나무는 바늘 같은 잎이 다섯 개씩 붙어 나므로 두 개인 소나무나 세 개씩 붙은 리기다소나무와 구분되며 전체적인 잎 색깔도 더 진하다. 잣나무의 한자는 백栢인데 이는 잎 뒷면에 기공조선氣孔條線이라고 하는 흰 선 모양의 숨구멍이 멀리서 희끗희끗 반사되어 보이기 때문인 듯하다.

　잣나무는 기름기 많은 잎을 사철 떨구어 미처 썩지 않은 잎이 두텁게 지표층을 덮는다. 또한 아래 가지를 고사시키면서 위로 크는 소나무와 달리 모든 가지가 무성해서, 조밀하게 군락을 이룬 잣나무 숲 아래쪽으로는 햇볕 한 줌 들지 않아 다른 식물이 거의 살지 못한다.

　흔히 노아의 방주를 잣나무로 지었다고 하는데 이는 1961년에 번역된 '개역 한국판'에서 수지성 나무resinous tree를 잣나무로 잘못 번역한 것이다. 창세기라고는 하지만 잣나무의 분포도로 보아도 맞지 않는 이야기로, 1998년 개역개정판에서 '고페르나무'로 수정되었다. 그러나 오류는 다른 오류를 더하게 마련이라, 잣나무로 짠 방주는 소나무와 달리 죽은 가지의 옹이가 없어 물이 새지 않았다는 등 견강부회한 추론들이 한동안 성행했다.

목재로서의 잣나무는 심재가 불그스름하여 홍송紅松이라 부른다. '딸을 낳으면 오동나무를 심고 아들을 낳으면 잣나무를 심으라'는 옛말에서 보듯 잣나무는 관을 짤 수 있을 정도로 굵고 곧게 자란다. 게다가 송진이 많아 잘 썩지도 않기 때문에 건축재, 선박, 가구 등에 널리 이용되고 있다.

6·25전쟁 이후 산판과 화전 등 무분별한 산림자원의 훼손으로 그 폐해가 심각함을 알아차린 정부는 1966년 화전 정리에 관한 법률을 제정하였다. 즉시 본격적인 화전민 소개疎開사업이 시작되었는데 새로 화전을 만들지 못하는 것은 물론이고 경사도에 따라 기존의 화전도 경작을 금했다. 담당 공무원은 빨간 페인트 통을 들고 다니면서 골짜기 곳곳의 바위에 '화전금지' '화전정리' 등을 써놓았다. 공산품이 귀하던 시절 산간마을 사람들이 처음 접한 페인트라는 것이 그 조악하게 쓴 빨간 글씨였다. 담벼락에 넘쳐났던 '반공방첩'과 함께 국민 계몽을 위해 등장한 한글 자보字報의 시초라고나 할까.

1974년에 다시 정부에서는 전국 규모로 대대적인 화전정리 사업을 실시했다. 가구마다 정착 비용을 무상으로 지원했는데, 도심 변두리의 단칸 전세방 정도를 구할 수 있는 돈이었다. 이렇게 많은 화전민이 삶의

터전을 옮겨갔다. 성황림마을 초등학교의 학생 수가 절반 이상이나 줄어들 정도의 인구 대이동이었다.

이렇게 화전민들이 떠나가자 골짜기 여기저기에는 화전이었던 땅만이 황량하게 남겨졌다. 이때 정부에서 고육지책으로 심은 나무가 바로 속성수인 일본잎갈나무(낙엽송)와 유실수인 잣나무다. 산림청 기록에 의하면 화전 정리사업 기간(1965~1984)에 정부 주도로 심은 잣나무만 6억 7

천 5백만 그루에 달한다. 잣나무보다 더 많이 심긴 것이 낙엽송이었으니, 어림해보면 당시 화전의 엄청난 규모를 짐작할 수 있다.

당시 막 중학생이 된 나도 식목일이면 학교 뒷산에, 휴일이면 품값을 받고 화전 나무 심기에 동원되었다. 물론 심는 것으로 끝이 아니다. 한여름이면 묘목 주변에 무성해지는 잡초를 제거해주어야 했다. 심을 무렵 무릎높이쯤이던 낙엽송은 이후 2~3년 동안, 한 뼘도 안 되는 데다 성장이 느린 잣나무는 무려 4~5년 동안 손질을 필요로 한다. 방학이면 이 일을 따라다니며 용돈을 벌었던 기억이 새롭다. 군데군데 도사린 벌집들과 뱀, 찌는 듯한 무더위 그리고 꿀맛 같던 벤또밥에 무장아찌 점심. 그렇게 하루가 가면 이천 원 남짓한 일당을 받았다. 지금으로서는 상상하기 어려운 학창시절의 기억이다.

어쨌든 이렇게 해서 우리의 산은 빠르게 푸르러졌다. 그러나 정부 주도로 이루어진 산림녹화는 오늘날 절반의 성공으로 평가된다. 당시 무수히 심었던 낙엽송은 목재의 질이 떨어지며, 잣나무의 경우 수확이 번거롭다 보니 인건비가 안 나와 천덕꾸러기로 방치되고 있기 때문이다. 전란으로 황폐화된 세계 최빈곤국이었던 시절 오늘날의 소비 패턴에 맞는 수종을 어찌 예측할 수 있었으랴만, 좀더 다양한 나무를 심지 않은 것은 애석한 일이다.

잣은 키가 큰 나무의 가지 끝에 달리는 만큼 채취가 쉽지 않다. 게다가 송진이 많은 겉껍질을 제거하고 얻은 새끼손톱 크기의 단단한 알맹이를 일일이 깨뜨려야 비로소 보리알만 한 견과를 얻을 수 있다. 그 과정이 번거로운 데 비해 채취되는 양은 적어, 예로부터 잣을 공물로 바쳤던 백성의 원성이 작지 않았다. 성군이 되고자 한 조선 임금이 백성들의 고생을 덜어주려고 좋아하던 잣술을 끊겠다 한 기록까지 있을 정도다.

잣의 어원에 대해서는 '뾰족하다'에서 나왔다는 설도 있고 성城의 고어라는 주장도 보이지만 딱히 이거다 싶은 해석은 아직 없다. 주로 낮은 신분의 사람들이 채취하여 지배층에게 바쳤던 역사를 볼 때 "높은 양반들께서 자시는 것"쯤에서 찾아봄이 어떨까.

이런 탄생 배경 속에서 성황림마을의 잣나무 숲은 옛 화전 군데군데에 모자이크를 한 듯 짙은 녹음을 드리웠다. 그러나 경사가 급한 화전에 주로 심긴 데다 키가 이십 미터를 훌쩍 넘으니 잣송이가 아무리 주렁주렁 열려도 사람에게는 그림의 떡이었다. 한때 산림청에서 원숭이를 훈련시켜 잣을 채취하는 연구를 했다고도 들었으나 여의치 않았던 모양이다.

'죽 쒀 개준다'는 말이 이에 맞을까? 기껏 심은 유실수의 열매가 그렇게 방치되는 동안 이곳은 청설모의 천국이 되었다. 청설모는 숲 생태계에서 은근히 달갑지 않은 취급을 받는 녀석이다. 나무를 타고 다니면서 산새들의 알을 훔쳐 먹다 보니 청설모가 번성할 경우 산비둘기와 꾀꼬리가 감소하게 되기 때문이다. 다람쥐보다 큰 설치류인 청설모가 잣을 먹는 방법은 이채롭다. 큰 솔방울 모양의 잣송이가 달린 줄기 쪽을 이빨로 갉아내 땅으로 떨어뜨린 뒤, 내려와서 그것을 다시 물고 나무 위로 올라간다. 그 뒤 송진이 많아 끈적끈적한 겉껍질을 빙 둘러 갉아낸다. 이렇게 해서 잣알을 하나씩 빼먹을 수 있기까지 들어가는 정성이 여간한 것이 아니다. 절골 우리 선산 초입에도 잣나무 조림지가 있어 가끔 청설모가 애써 따놓고 잃어버린 잣을 몇 송이씩 주워오곤 한다.

어느 해엔가 시골집에 갔더니 어머니께서 겉껍질이 매끈하게 제거된 잣 한 송이를 내 놓으신다. 반지르르 다 듬어진 잣송이에 들였을 그 정성을 의아해하는 내게 웃으며 대답하시는 말이 재미있다. "느 아부지 산소에 댕겨오다가 나무에서 툭 떨어지기에 주웠지. 영감이 주는 선물로 알고 들구 오는데 그걸 놓친 청설모가 얼마나 분했던지 한 마장쯤 따라오면서 캑캑대더라."

최근 잣나무 숲은 삼림욕에 활용되기도 한다. 송진 특유의 향이 좋고 다른 나무보다 피톤치드를 많이 내뿜는다는 연구 결과가 있었던 모양이다. 이현령비현령 격의 뉘앙스가 없지 않지만 사물이 있으면 용처는 생겨나는 법이구나 싶어 빙그레 웃음이 번진다. 유실수로서의 쓸모에서 좌절을 겪은 잣나무가 과연 효용의 대반전을 이룰 수 있을까.

잣과 잣나무를 생각하면 나름 고단했던 내 성장기의 나무 심기와 연결하여 진상품 마련에 애쓰던 옛사람들의 수고로움을 그려보게 된다. 그런 한편으로는 기껏 다듬어놓은 먹이를 뺏긴 청설모의 황망함을 뒤로 하

고 수지맞았다며 발길을 재촉하시던 어머니의 종종걸음이 떠올라 웃음
도 짓게 되는 나무다.

아버지의 도시락
감자

초등학교 6학년 때 열세 명이 서울로 수학여행을 갔다. 상상만 하던 서울 땅을 밟아본다는 설렘으로 며칠 동안 잠을 설쳐가며 출발하는 날을 손꼽아 기다렸다. 천오백 원쯤 했던 비용을 낼 형편이 안 돼 처음부터 아예 체념한 아이들도 많았고, 출발하던 날까지 돈을 마련해보겠다고 했다가 뜻대로 되지 않아 합류하지 못한 아이들도 있었다. 이들의 아쉬워하던 눈들을 뒤로한 채 담임선생님의 인솔 아래 시오리 길을 걸어 내려가 신림역에서 청량리행 완행열차를 타던 때의 두근거림을 무엇에 비교할까?

차창 밖 기찻길을 따라 끝없이 이어지던 전봇대와 서울에 가까워질수록 점점 넓어지는 개활지에 늘어선 집들 그리고 청량리역 광장 건너편에서 휘황찬란하게 점멸하던 오리온제과의 네온사인 광고등과 그 아래로 줄지어 서 있던 상점과 노점상들.

보이는 것 모두가 신기해 눈이 휘둥그레진 채, 눈 감으면 코 베어간다는 서울거리에서 앞뒤 짝꿍을 잡고 선생님을 따라 인파를 헤쳐나가노라면 행색이 달라 보였던지 여기저기서 묻는다.

"어디에서 왔니?" 하는 말에

"강원도래요!" 하고 대답하면 다음에 돌아오는 말은 늘 한가지였다.

"아, 감자바위!"

그때 강원도가 서울 사람들에게 감자바위로 인식되어 있다는 것을 처음 알았다.

사실 당시 성황림마을에서 감자처럼 생활에 밀접한 것이 없었다. 끼니마다 밥을 안칠 땐 숟가락으로 껍질을 긁어낸 감자 몇 개씩을 올렸다. 밥그릇을 받고 나면 감자 몇 덩이는 꼭 들어가 있었는데, 그때는 감자가 먹기 싫어 숟가락으로 밀어두었다가 아버지로부터 불호령을 듣고서야 먹어치우곤 했다. 이따금은 아예 찐 감자와 김치로 한 끼를 대신할 때도 있었다. 입안에서 푸석푸석하다가 넘어가면 곧 목이 메어오는 감자는 아이들 입맛에 그리 반가운 음식은 아니었다.

학교에서 돌아오면 안방 윗목에 놓인 화로 한쪽에서 늘 온기를 유지하던 감자장은 산간마을의 사철반찬이었다. 그런가 하면 작은 감자알을 모아 쪼글쪼글 간장에 조린 장조림이나 무채 썰듯 해놓은 감자볶음은 무장아찌와 함께 연중 도시락반찬이기도 했다.

감자는 알곡이 귀한 영서 산간 지방에 상대적으로 흔한 작물이다 보니 쪄 먹거나 조려서 반찬을 하는 것 외에도 다양한 간식거리로 이용되었다. 미군이 먹고 버린 통조림 깡통을 펴서 못으로 촘촘히 구멍을 내면 강판이 되는데, 여기에 하지 무렵 캐낸 감자를 간다. 화로에 뒤집어 엎힌 가마솥 뚜껑에 그것을 부쳐내면 '감자적'이고, 물기를 짠 뒤 껍질만 벗긴 다른 감자와 함께 쪄서 으깨먹으면 '감자붕생이'가 된다. 그리고 상처 난 감자를 썩혀 가라앉힌 녹말가루에다 강판에 간 감자반죽을 섞어 떡처럼 쪄내던 '감자투생이'나 감자녹말을 반죽해서 팥소를 넣어 만든 감자떡 등, 다양한 요리 방법은 일일이 열거하기도 쉽지 않다.

감자가 우리나라에 전해진 역사는 그리 오래 되지 않았다. 감자의 원산지는 안데스산맥의 고원지대로, 페루와 칠레는 아직도 서로 자기네가 원조라고 다투고 있다. 잉카문명의 유적지에서 감자 조형물 등이 발견되는 것으로 보아 남미 원주민들이 감자를 식량으로 이용한 역사는 오래된 듯하다. 아메리카 대륙 발견 이후 1532년경 스페인의 탐험가 피사로가 감자를 항해중의 식량으로 사용하면서 스페인과 영국에 전파되었다가, 18세기경 독일에서 아예 주식으로 이용하기에 이르렀다.

우리나라에는 1824년경 북간도를 통해 들여온 것으로 추정되는 기록이 있다. 이후 기후와 토양이 맞는 산간 지방을 위주로 재배되다가 일제가 쌀 공출을 위해 대체식량으로 감자 생산을 독려하는 정책을 펼치면서 급격히 그 재배면적이 확대되었다. 1930년대 일제가 보급한 감자씨는 '남작'이라는 종인데 이것이 바로 찌면 분이 나는 '강원도 감자'다. 이 개량종 감자는 척박한 산간 토양에서도 다른 작물에 비해 단위면적당 생산량이 5배가 넘었으니, 당초의 보급 의도는 불순했으나 결과적으로 곤궁하던 시절의 기아를 면하게 해준 기적의 양식이 되었다.

친구들에게는 할아버지뻘인 1902년생 내 아버지께 귀가 닳도록 들은 다음의 일화 속에 일제강점기 고단한 삶의 상징처럼 자리한 감자의 모습이 있다.

"서른다섯 무렵쯤 치악재 똬리굴* 공사에 부역을 다녔지. 내 덩치가 좋으니 첫날 가자마자 질통을 주더라구. 자갈을 그득 채운 질통을 지고 까마득한 사다리를 오르내리는 일이었는데 그걸 계속하다가는 골병이 들어도 단단히 들겠어. 찐 감자 두어 개를 점심으로 싸갔는데 고만큼 먹고는 허기가 져서 감당을 못할 것 같더라고. 그래서 꾀를 냈지. 자갈이 가득 든 질통을 지고 중간쯤 오르다 손으로 당겨서 막고 있던 질통의 끈을 놓아버리곤 '나 죽네!' 소리쳤더니 아래쪽에 줄줄이 오르던 질통꾼들이 그 자갈 세례를 받고 난리통이 돼버렸단다. 그 일로 일본놈 감독 앞에 불려가 호되게 혼나고는 다른 일을 맡았지. 허허허."

수없이 들은 이 얘기 끝에는 늘 아버지의 너털웃음이 따랐는데 질통과 철로공사보다 감자 두어 개가 도시락이었다는 말이 내게는 깊이 박혔다.

감자는 봄에 심어 여름에 거두니 가을 추수 전의 식량이 된다. 또한 캐낸 자리에는 김장용 배추나 콩, 들깨 등을 심어 이모작을 할 수 있었으니, 강원도 산간 지방의 농사꾼에게 감자는 화수분 같은 존재였다. 강원도에서는 '뒷간'을 '잿간'이라고도 하는데 아궁이를 치거나 화로에서 삭은 재를 뒷간에 모아두었다가 분뇨와 섞어 감자밭에 내곤 했기 때문이다. 그

---

* 중앙선 철도의 루프식 터널.

재거름에 따라 감자 생산량이 크게 달라지기도 했다.

　　나 어린 시절 성황림마을의 봄은 늘 아지랑이 피어오르는 비탈밭에서 소를 부리는 소리와 감자밭에 재거름을 내는 농부들의 분주한 발길과 함께 다가왔다. 갈아놓은 밭에 거름 흩어뿌리기가 끝나면 씨눈을 살려 미리 쪼개둔 씨감자를 재와 섞어 골 따라 드문드문 놓는다. 앞사람이 놓고 간 감자를 뒷사람이 고무래로 덮어주는 것으로 파종이 끝나는데 이 과정을 통틀어 '감자놓기'라 한다. 감자놓기, 모내기, 메밀풀기 등, 파종 행위를 이르는 다양한 표현에서도 조상들의 섬세한 표현력에 감탄하게 된다. 뭉뚱그려 '심기'라 일컫기엔 성에 차지 않았던 걸까?

　　논과 밭에 곡식 파종이 한창일 무렵이면 초등학교도 일주일쯤 농번기 방학을 실시해 아이들도 농사일을 돕게 했다. 감자놓기에 한 몫을 한 나도 어머니께서 날라오신 새참에 달려든다. 새참이라야 수제비나 보리개떡에 동치미가 고작이지만, 마을의 꽃대궐 풍경과 감자거름 냄새 끝에 묻어오는 꽃내음까지 어우러져 맛은 꿀맛이다.

　　두어 번의 김매기 과정을 거쳐 쑥쑥 자란 감자 싹은 초여름에 땅속 덩이줄기 색깔의 꽃을 피운다. 그렇게 점점 무성해지다가 하지 무렵에 누렇게 죽는데, 이때가 수확기다.

　　한여름 땡볕에 감자 캐기는 여간 고역이 아니다. 교차 이모작을 하려고 옥수수를 미리 심어놓은 경우가 많아 날카로운 옥수수 잎에 얼굴이나 팔이 스쳐 베이기 일쑤였고, 감자알 사이에 뱀이 낳아놓은 알이 수북하게 딸려 나오기도 했다. 가끔 호미 끝에 찍힌 알에서 새끼가 다 된 뱀이

따리굴

꿈틀거리며 기어 나오는 일도 있었다. 수확한 감자의 일부는 집집마다 텃밭에 커다란 구덩이를 파고 묻었다가 이듬해 봄에 꺼내 다시 파종하기도 하고, 다음 수확 때까지 먹기도 했다. 해마다 이른 봄에 이 구덩이에서 감자를 꺼내고 나면 다음날에는 동면을 끝내고 이동하던 통통한 북방산 개구리가 몇 마리씩 빠져 있기도 했다. 그놈을 꺼내다 몸보신까지 했으니 감자가 동물성 단백질까지 가져다준 셈이다.

감자는 손에 잡기 좋게 깎아 소당(가마솥뚜껑)에 부침개를 부칠 때 기름두르개로도 썼다. 운동회 때는 등사잉크를 묻혀 흰 '난닝구'에 청군백군을 찍는 임시도장으로도 변신했고 얇게 썰어 구워 먹던 겨울철의 시답지 않은 주전부리이기도 했다. 누이와 솥바닥 감자누룽지를 놓고 서로 긁어먹겠다고 싸우던 기억도 생생하다. 감자 껍질은 밥찌꺼기와 함께 쇠죽 위에 고명으로 얹히기도 했으니, 우리 농촌의 누렁소도 감자 덕을 보고 자란 셈이다.

하얀 꽃 피는 감자는 하얀 감자
캐보나 마나 하얀 감자
자주 꽃 피는 감자는 자주 감자
캐보나 마나 자주 감자

감자 꽃

산중의 귀물
머루

산중에 귀물은 머루와 다래
인간의 귀물은 나 하나요

강원도 아리랑에 등장하는 이 구절에서 머루는 산중의 귀물貴物로
등장한다.

고려가요 「청산별곡」의 '멀위랑 다래랑 먹고 청산에 살어리랏다'라는
언급을 떠올려보면 우리의 산중에서 얻을 수 있는 자연의 먹거리 중에는
머루가 으뜸이었던 모양이다.

머루는 갈매나무목 포도과의 활엽수로 다래나무와 함께 우리나라에
자생하는 대표적인 덩굴성 목본이다. 해발 100미터 이상 되는 계곡 부근
에 전국적으로 자생하며 가을에 까맣게 익는 열매는 그 모양과 맛으로 치
면 포도의 조상쯤 되는 녀석이다.

『악장가사樂章歌詞』에 전하는 「청산별곡」 이후의 기록으로는 『세종실

록지리지』강원도 편에 머루 생산에 관한 내용이 있으며 숙종 때 홍만선이 지은 『산림경제』에는 머루주 담그는 방법이 소개되기도 했다.

머루는 껍질이 얇고 수분이 많아 저장하기가 어려우니 제철에 따 먹고 남으면 자연스레 즙을 내어 발효를 시키게 된다. 이렇게 만들어져서 산촌의 집집마다 전해 내려오던 우리나라 머루주의 역사도 서양의 포도주만큼은 오래되지 않았을까 짐작해본다.

식량이 궁하던 시절에는 무릇(백합과의 식물)과 둥굴레 뿌리에 머루나무의 어린 순을 함께 넣고 고아서 '물곳'이라는 음식을 만들어 먹기도 했다. 머루가 농경생활에서 매우 가까운 주전부리이다 보니 '소경 머루 먹듯'이나 '머루 먹은 속' '개 머루 먹듯' 등 머루에 관한 속담도 적지 않다.

성황림마을에도 골짜기마다 머루나무가 많았다. 봄철엔 농사일 틈틈이 나물산행으로 분주하던 어머니들이 가을이면 또 걷으미(추수)에 바쁜 품을 쪼개 산행에 나선다. 버섯과 도토리 등 먹거리가 넘쳐나기 때문이다. 머루는 해거리가 심해 수확량에 늘 차이가 있는 품목인데, 많이 열리는 해에는 지게에 지고 신림장에까지 내려가 파는 집도 많았다.

어느 해인가 산막골에 버섯산행을 다녀오신 어머니께서 엄청나게 실한 머루덩굴을 발견하셨는데 따 담을 데가 없어 그냥 왔다면서 이튿날 형을 데리고 다래끼*와 보자기를 챙겨 다시 산에 나가셨다. 그런데 한나절이 채 못 지나 다래끼도 채우지 못하고 황급히 돌아오셨다. 형이 머루

---

* 싸리나무로 만든 용기.

덩굴 뒤의 바위에 바다리(말벌)집이 있는 걸 모르고 건드렸다가 뒤통수를 쏘인 것이다. 머리를 감싸 쥔 채로 형은 원주의 병원까지 가게 되었지만 그 와중에도 차마 버리지 못하고 챙겨온 실한 머루는 즙을 내어 겨울까지 마셨다.

　가을 산을 대표하는 야생과실인 머루와 다래를 만나면 대개의 산사람은 같은 행동을 한다. 다래는 일단 손으로 눌러보고, 말랑해졌으면 먹기 싫을 때까지 따 먹고는 그냥 온다. 한편 머루는 몇 송이 먹고는 그 시큼하고도 달콤한 맛에 몸서리를 치면서도 따서 담아갈 용기를 찾는다. 이 차이가 저장성과 쓸모 면에서 머루가 다래보다 한 수 위임을 보여주는 예라 하겠다.

머루는 멀위→멀구→머루의 변화를 거친 우리말 이름이다. 흔히 다래, 달래, 나리 등의 여자아이 이름에 짝하는 남자아이 이름이기도 했던 '머루'의 어원은 어디에서 왔을까? 멀건 열매? 산중턱의 바위 벼랑쯤에 많으니 멀리 가야 딸 수 있는 열매라는 뜻일까?

최근엔 머루의 신맛과 포도의 단맛이 적절하게 섞인 머루포도가 개량되어 상품으로 인기를 끌고 있다. 그런데 어찌된 일인지 성황림마을 계곡의 그 많던 머루덩굴들은 점차 사라지고 칡넝쿨과 다래덩굴만 얽히고 설켜 있다. 다래순을 먹고 다래나무를 땔감으로 쓰는 사람들이 없어지면서 더욱 무성해진 다래덩굴의 덩치에 밀린 것일까?

민초의 목숨줄
콩

"콩 심은 데 콩 나고 팥 심은 데 팥 난다."

세상일은 근본에 따라 그에 걸맞은 결과가 나타나게 마련이라는 믿음으로 하루하루를 분주하게 살았던 우리 조상들의 속담에 그 진실의 잣대로 등장하는 것이 콩이다. 콩은 장미목 콩과의 일년생 풀인 돌콩을 거듭 개량하여 곡식이 된 작물로, 중국 동북 지방을 원산지로 보고 있다.

『시경』에 등장하는 숙菽이 콩에 관한 최초의 문헌 기록이다. 그런데 숙의 꼬투리가 나무로 만든 제기祭器인 두豆와 모양이 비슷해 숙이 두로 변했다고 한다. 우리나라에는 『삼국사기』에 "신라 신문왕 3년 왕이 김흠문의 딸을 왕비로 삼을 때의 예물 중에 시豉(메주)를 보냈다"는 내용이 있으며 『삼국지』「위지·동이전」에 "고구려인은 장 담그고 술 빚는 솜씨가 훌륭하다"고 되어 있다. 그리고 조선시대에 이르면 1435년(세종 17년)의 명나라 측 외교문서에 "사절단 중에 두부를 잘 만드는 여인을 많이 보내달라"는 기록이 있고, 이후 세 차례에 걸쳐 '포장泡匠'이라는 이름의 두부사

절단을 파견했다고 되어 있다. 유구한 세월 동안 우리의 콩 가공 기술이 원산지인 중국을 앞섰음을 짐작하게 하는 내용이다.

콩은 우리와 비슷한 시기에 일본으로도 전해져 장류와 두부가 중심을 이루는 음식문화를 형성했으니 동북아시아를 '콩 문화권'이라 불러도 큰 무리가 없을 듯하다. '밭에서 나는 소고기'라 불리는 이 콩이라는 녀석은 민초의 삶 속에서 예사롭지 않은 활약을 해왔다.

산간 지방에서 콩은 곧 돈으로 통했다. 된장과 간장 없이는 살 수 없었던 음식문화이니 어느 집이고 콩을 필요로 했다. 또한 계량과 운반, 보관이 편리한 데다 딱히 농토가 없던 사람들도 화전을 개간하면 얻을 수 있는 작물이었기 때문에, 모두가 보편적인 가치를 인정하면서 환금성을 갖게 된 듯하다.

콩이 화폐 역할을 했던 대표적인 풍습으로 '도지'가 있다. 도지는 땅이나 집을 빌려주는 대가로 받는 세^貰인데 중부 이북 지방에서는 기준을 정해놓고 일 년마다 콩으로 정산했다. 이 도지 풍습은 더불어 사는 삶에 뿌리를 둔 것으로, 소작농제도와는 달리 토지와 집을 가진 사람과 그렇지 못한 사람 간의 격차를 완화해주는 역할을 했다. 당시 집터에 대한 도지는 대개 주변의 텃밭을 포함해 1년에 콩 닷 말 또는 딸린 텃밭의 크기에 따라서는 한 가마니 정도로, 땅 주인은 그것으로 메주콩을 확보할 수 있었다. 그러나 관행으로 유지되던 농촌 도지제도는 최근 소유주와 임차인의 입장 차이에 따른 갈등의 불씨가 되고 있다.

이따금씩 방물장수가 마을을 찾아오면 산간 아낙은 바늘 몇 쌈과 얼레빗 하나를 집어 들고 돈 대신 콩을 내놓았다. 또한 오일장이 서는 날이면 어머니들은 머리에 콩을 몇 말이나 이고 장으로 향했다. 그 길목을 지키던 장사꾼들이 서로 사겠다고 나서지만, 몇 푼이라도 더 받을 욕심에 장터에 다 가도록 내려놓지 않으셨다. 이렇게 십리 밖 오일장까지 콩을 이거나 지고 나가 판 돈으로 아이들 고무신이라도 사다 주시곤 했다. 그러면 헝겊을 덧대고 기워서 징검다리만 건너도 물이 찌걱거리던 고무신은 더 이상 신지 않아도 되었다.

치악산 골짜기마다 대대적인 산판이 벌어지고 그 자리에 화전이 한창이던 1960년대 후반에는 화전에서 나던 콩과 팥을 실어 내가기 위해 장날마다 산판 길을 따라 커다란 트럭이 들어왔다. 제무시산판차*보다 적재함이 낮아서 쫓아가 매달리기 쉬웠던 그 신진트럭을 우리는 '장차'라고 부르며 꽁무니를 따라다녔다. 다리도 없는 개울을 건너다가 시동이 꺼지거나 오르막길 진창에 빠져 헛바퀴라도 돌면 끼니도 잊은 채 그 철괴물의 동태를 지켜보았다. 험상궂은 인상의 조수가 꺼진 엔진에 쇠막대기를 끼우고 힘을 다해 돌리면 크르릉 소리에 이어 타이어가 헛돌면서 고무 탄내가 난다. 잠시 후 우지끈 하고 거대한 장차는 다시 움직였다. 그러면 안도하는 한편으로 밀려오는 아쉬움을 느끼며 탈탈거리며 멀어져가는 장차를 바라보곤 했다.

---

* 군용 GMC트럭을 개조하여 산판에서 사용하던 차를 부르던 이름.

콩밭 매는 아낙네야 베적삼이 흠뻑 젖는다.

무슨 사연 그리 많아 포기마다 눈물 심누나.

1989년에 발표된 주병선의 노래 「칠갑산」이 오랫동안 국민의 애창곡일 수 있었던 것은 그 시대의 많은 청장년층이 한여름의 뙤약볕 아래 잡초를 매는 아낙네의 모습에서 어릴 적 어머니의 모습을 기억해냈기 때문일 것이다.

콩은 뿌리혹박테리아가 공기 중의 질소를 고정시켜주는 역할을 하기 때문에 질소거름을 주지 않아도 잘 자란다. 때문에 사람들은 화전에는 물론이고 그냥 다니기에도 비좁은 다랑논 둑을 따라서도 콩을 심었다. 그뿐인가. 봇도랑 언저리에도, 밭으로 이어지는 농로 옆으로도 심을 자리만 있으면 어디에나 꼬챙이로 흙을 찌르고 콩 서너 알을 심고는 했다.

무더위 속에 김을 매던 아낙네들은 까끌까끌한 콩잎에 팔꿈치며 목덜미를 긁혀가며 푸념깨나 하였을 것이다. 그렇게 자란 콩은 늦여름이 되면서 꼬투리 하나에 두셋의 둥근 알맹이를 맺는다. 여물기 전의 풋콩은 서리를 해다가 불에 그슬려 먹던 동네 아이들의 주전부리이기도 했다.

가을이 되어 콩꼬투리가 갈색으로 마르면 저절로 꽤기* 전에 베어낸다. 그것을 낟가리를 해서 텃밭쯤에 잘 마르도록 두었다가 날을 잡아

* 꼬투리가 말라비틀어지며 낱알이 튀어나가는 것.

마당질*을 한다. 마지막으로 묶은 콩 단을 풀어 마당에 펴고 도리깨질을 한 뒤 풍차에 붓거나 키질을 하여 까부르는 과정을 거치면 드디어 콩이 노란 알곡으로 태어난다. 그리고 이때부터 콩의 대장정이 시작된다.

물에 불린 콩을 맷돌에 간 뒤 광목자루에 넣어 누르면 건더기와 국물로 분리된다. 건더기는 '비지'라 하여 찌개나 비지장을 만들고 국물은 가마솥에 끓이다가 간수를 붓는다. 그러면 흰 덩어리가 엉기는데 이것을 국물과 함께 떠서 먹으면 순두부요, 사과 궤짝으로 만든 모판에 찍으면 두부가 된다. 두부는 광목보자기를 깐 모판에 엉긴 덩어리들을 옮겨 부어 보자기를 여민 위에 판자 뚜껑을 덮고 지그시 눌러 굳히면 완성이었다. 콩의 한자인 두﹖는 어찌 보면 모판에 두부를 눌러둔 형상에서 온 듯도 하다.

한편 방 윗목에 매함지를 놓고 쳇다리를 걸친 위에 베 보자기를 깐 시루에 불린 콩을 넣는다. 여기에 이따금씩 물을 주면 콩나물이 자라 겨울철의 훌륭한 비타민C 공급원이 되었다.

콩의 변신은 메주 쑤기에서 절정을 이룬다. 된장과 간장의 주 재료인 메주를 쑤는 날은 온 가족이 동원된다. 큰 쇠죽가마에 콩을 넣고 물을 부어 눌어붙지 않도록 저어가며 콩을 삶는다. 삶은 콩은 곧바로 디딜방아에 찧어 마루로 옮겨낸다. 막내인 나는 늘 같은 역할을 맡았다. 우선 밑창을 뺀 쳇바퀴에 광목보자기를 깐 뒤 찧은 메주콩을 옮겨 담고 보자기를

* 곡식을 털어 알곡을 거두는 것.

덮고 나서 발로 구석구석 밟는다. 그렇게 둥글게 다져 모양을 만드는 것이 내 일이었다. 이따금씩 메주를 밟으면서 가마솥의 삶은 메주콩을 한 줌씩 집어다 먹었다. 쳇바퀴에서는 빠지직 빠지직 소리가 났고

맷돌과 매함지

마지막엔 늘 쳇바퀴 틀을 채우지 못해 어린아이 머리통처럼 뭉친 못난 메줏덩이가 남았다.

　모양이 만들어진 메줏덩이는 아버지가 열십자 짚으로 묶어 안방 천장 아래를 가로지르는 실경* 아래 나란히 매단다. 방아에 찧기 전의 메주콩을 이불로 덮어 아랫목에 두고 발효시키면 청국장이 되었고 겨우내 누룩곰팡이가 활동한 덕분으로 잘 띄워진 메주는 이듬해 이른 봄부터 간장이며 된장이 되어 밥상에 올랐다.

　시오리 길을 걸어 학교에 다니던 중학 시절. 감자에 무장아찌가 지겨워 이따금 도시락 반찬 투정을 하면 어머니는 콩자반을 만들어주셨다. 그런가 하면 한겨울 간식으로 볶은 콩을 주머니에 넣고 다니며 먹기도 했

---

*　살강의 방언. 그릇 따위를 얹어놓기 위하여 벽 중턱에 발처럼 엮어 드린 선반.

메주건조

다. 이 볶은 콩을 조청으로 버무리면 콩엿이 됐고 한여름에 만들어 먹는 콩국수도 별미였다.

목구멍이 포도청이던 그 시절, 콩은 목숨줄이었다. 콩에 얽인 무수한 이야기를 어찌 몇 장의 글줄에 다 담을 수 있을까. 이른 아침 머리맡에서 나는 쪼르륵 쪼르륵 소리에 잠을 깨곤 했다. 어머니가 콩나물시루에 물을 주는 소리다. 속을 파내고 사이나(청산가리)를 채워 꿩을 잡으려고 못으로 콩 안쪽을 파내시던 아버지의 모습도 떠오른다. 화전, 논둑길, 도리깨질, 메주 냄새 등 콩에 대한 기억은 내 어린 시절의 수많은 장면을 연속으로 펼쳐낸다.

이고 가실 콩자루의 무게가 벅차서 짚으로 엮은 계란 꾸러미와 닭 두어 마리라도 내게 들릴 요량으로 어머니가 신림오일장에 따라나서는 걸 허락해주실 때가 있었다. 장에 가기 전날 콩콩콩 가슴 뛰던 그 설렘이 마냥 그리워진다.

"장 곰바리(곰팡이의 방언) 피는 데는 줄콩 잎을 덮는 게 최고란다."

이른 봄, 갓 겨울을 난 엉클한 캐빈의 장독을 살피는 순이에게 어머니가 전해주시던 당신만의 비기다. 아직까지도 장독 앞에 서면 그 음성이 들려오는 듯하다.

누이의 못난이손톱
살구나무

청명절에 비는 부슬부슬 내리고   清明時節雨紛紛

길 가는 나그네의 마음이 들뜬다   路上行人欲斷魂

술집이 어느 곳에 있는가 물으니   借問酒家何處在

목동은 아득히 살구꽃 핀 곳을 가리키네   牧童遙指杏花村

당나라의 시인 두목杜牧의 「청명淸明」에 등장하는 살구꽃의 모습이다. 워낙 유명한 시다 보니 훗날 행화촌杏花村은 중국의 주조회사 이름에서부터 우리나라와 일본에서까지 주막 거리나 술집을 이르는 말로 광범위하게 통용되었다.

장미과의 낙엽교목인 살구나무의 한자 행杏은 글자부터가 입으로 들어가는 과실수임을 가리키고 있다. 그 원산지는 중국으로, 『삼국유사』에도 등장하는 것으로 보아 우리나라에는 삼국시대 이전에 도입된 듯하다. 그러나 그 오랜 세월을 거치면서도 야생화된 것은 보이지 않고 인가

나 농경지 주변에만 자란다.

　백 년을 사는 큰키나무인 살구나무는 목재가 단단하며 갈라지지 않는다. 이 성질을 이용하여 옛날부터 다듬이대나 목탁을 만드는 데 쓰였다. 북아프리카 유목민은 설치와 철거를 반복해야 했던 천막의 장대로 살구나무를 썼고, 물을 흡수하면 부피가 커지는 성질이 있어 어떤 곳에선 맷돌 등에 손잡이를 고정하는 쐐기로 쓰기도 했다. 아마도 옛 석공들이 바위를 쪼갤 때는 살구나무 쐐기를 이용했으리라 짐작해본다.

　무엇보다 살구나무가 사랑받는 것은 초여름에 다른 과일보다 일찍 탐스럽게 익는 과실과 그 씨앗의 넓은 쓰임새 때문이다. 살구는 비슷한 모양의 매실과 달리 과육과 씨앗이 쉽게 분리된다. 달콤한 과육은 그냥도 먹지만 구한말의 백과사전격인『규합총서』나『부인필지』등을 보면 살구단자나 도행병, 떡이나 한과 등 살구를 이용한 요리도 다양했던 것으로 보인다.

　살구의 씨앗인 행인杏仁은 한방의 주요한 약재다. 중국과 조선시대 의서에 나오는 살구씨의 효능은 일일이 그 출처를 열거할 필요조차 없을 정도로 많다. 공통되는 효능을 몇 가지만 짚어보자면 가래, 해소, 천식 등 기관지 계통의 질환 치료에 탁월하다. 또한 변비, 냉증 치료에 좋으며 항암 효과도 있다고 전해진다. 강한 피부미백 효과로 옛날부터 부스럼, 주근깨 등의 치료에 사용되었던 것에 착안해 최근에는 오일이나 팩 등의 화장용품으로도 개발되어 그 명맥을 잇고 있다.

　살구씨에는 아미그달린이라는 성분이 있어 복용할 경우 장내의 효

소와 반응해 시안화수소(HCN, 청산)로 변하는데 이 성분은 약도 되지만 과하면 독도 된다. 이밖에도 『동언고략』이나 『송남잡지』 등 구한말에 쓰인 어원집에 '개가 먹으면 죽는다'는 뜻풀이가 있는가 하면 박문기의 소설 『대동이大東夷』에 '방상씨가 괴견을 잡아 걸어놓은 데서 유래한 나무'라는 설이 있다. 그러나 우리말의 개나 살구 표기의 변천 과정을 보면 그다지 신빙성 있는 이야기는 아니다. 살구는 『훈몽자회』에 우리말 '살고'로 표기된 것과 오래전부터 피부색을 살색, 살구색 등으로 지칭한 점에 착안하여 그 어원을 '살'에서 찾는 것이 더 설득력 있을 듯하다.

살구나무 행杏이 들어간 행단杏壇은 공자가 가르친 곳에서 유래하여 '학문을 닦는 장소'라는 의미로 쓰이기도 한다. 또한 중국의 오나라에서 인술을 베풀었다는 동봉董奉의 고사에서 유래한 '행림杏林'은 의원을 이르는 말이 되는 등, 오늘날에도 살구나무는 향교나 한의학 속 각종 용어에 녹아 있다.

어릴 적 앞집에 동네의 어느 과일나무와도 비교할 수 없는 살구나무가 있었다. 밑동은 아름드리 고목이고 마당 한 귀퉁이에서 사방으로 뻗은 가지는 지붕을 반쯤 가리고도 담 밖으로 뻗었다. 그렇게 봇도랑 건너의 우리 밭에까지 가지를 드리우고 해마다 먹음직스런 살구를 주렁주렁 여는 나무였다.

초여름은 성에 차지 않는 양의 딸기 정도밖엔 딱히 먹을 것이 없는 시기였다. 때문에 자연스럽게 동네 아이들의 관심은 이 살구에 집중되었다. 한여름에 익는 외노인네 고야와 달리 살구나무 집에는 무서운 형들이 있었다. 형들은 그 살구를 한 접(1백 개)에 얼마씩 쳐서 팔기도 했는데, 어머니가 사주지 않으시면 나는 그 집 형들의 심부름을 해서라도 어떻게든 그 탐스런 살구를 입에 넣으려 애썼다.

　호시탐탐 살구를 노리는 것은 나뿐이 아니었다. 몇몇 아이들은 감시가 소홀해진 틈을 타 살구나무를 향해 멀리서 돌팔매질을 했다. 그러면 나무에서 떨어져 아래 봇도랑 물 위로 떠내려오는 살구 몇 알을 건져 먹을 수 있었다. 위아래 동네를 통틀어 유일한 재집 아들이었던 나도 이 살구가 익을 무렵만은 그 집을 부러워했다. 다행히도 봇도랑 건너편이 우리 옥수수밭이라 밤에 비라도 세차게 지나가고 나면 이튿날 키보다 웃자란 옥수수고랑 사이로 살며시 들어가 한 바가지쯤의 살구를 주워올 수 있었다.

　살구에 관한 기억은 과일을 먹는 것으로 끝나지 않는다. 이따금 면내에서 올라오는 엿장수 아저씨는 탄피나 고철 외에도 여러 가지를 바꿔주었다. 예를 들면 못 쓰게 된 고무신짝에서 비료포대, 심지어는 어머니들의 빠진 머리칼 뭉치나 부엌문 옆에 매달아놓은 마늘까지 받곤 했다. 끌을 대고 엿가위로 넹겅 떼어주던 그 노란 엿이 탐나 부모님 몰래 쓰는 물건을 들고 나왔다가 된통 혼이 나는 아이들도 적지 않았다.

　그러던 어느 날 앞집 형이 살구씨 깐 것을 주고 엿을 바꿔 먹는 것을 보았다. 살구씨도 엿장수 아저씨가 제법 쳐주는 약재 중 하나였던 것이다. 나는 당장 누이와 의기투합해 봇도랑 주변에 지천으로 널려 있는 살구씨를 주워왔다. 그리곤 부모님이 밭일을 가신 텅 빈 툇마루에 돌을 올려다 놓고 씨앗을 깠다.

단단한 살구씨를 받침돌 위에 모로 세운 채 한손으로 잡고 다른 돌로 내리치면 으깨지지 않은 속 알맹이를 얻을 수 있었다. 힘 조절이 참 어려웠는데 아니나 다를까 그렇게 얻은 속 씨앗이 양은벤또의 바닥도 다 가리지 못했는데 누이가 비명 소리와 함께 나뒹굴었다. 한참 후 내보인 누이의 검지손톱은 시커멓게 죽어 있었다.

"에잇 그깟 호박엿 안 먹구 말지! 삑삑이나 만들자."

기껏 애써서 깠던 살구씨까지 집어 던진 누이와 나는 그중 잘생긴 놈 두 개를 골라 봉당 아랫부분의 거친 시멘트벽에 양쪽을 문질러 갈아 속 씨앗을 파내고는 삑삑이를 만들어 불고 다녔다. 그 뒤 누나의 손톱은 빠지고 새로 났는데 원래보다 못생겼다며 한참 뒤에도 살구 이야기가 나오면 왼손 검지손톱을 들어보이곤 했다.

재배나 저장기술의 발달로 사시사철 과일가게에 등장하는 많은 과일과 달리 제철에만 반짝 과일전 모퉁이에 고개를 내밀었다가 사라지는 요즘의 살구. 과일로서의 입지는 좁아졌지만 사람들 입방아에는 여전히 오르내린다. 모양과 빛깔은 좀 못해도 실속이 있는 참살구보다는 빛 좋은 개살구로…….

고춧잎나물
고추나무

"고추나무에는 무엇이 열릴까요?"

뜬금없이 이런 질문을 한다면 요즘 사람들은 어떤 대답을 할까?

"고추요!"

라고 대답하려다가 왠지 '나무'라는 말에 고개를 갸웃하지 않을까?

고추나무는 잎이 고춧잎을 닮아서 붙은 이름으로 무환자나무목 고추나뭇과의 낙엽활엽소교목이다. 향신료로 쓰이는 초본작물인 고추가 우리나라에 전래된 것이 조선 중기쯤 되니 고추나무 이름의 유래는 그리 오래된 것 같지 않다. 고추나무는 우리나라 산기슭 어디에서나 볼 수 있으며, 숲 가장자리뿐 아니라 큰 나무의 그늘에서도 비교적 잘 자라 숲 하부 식생의 다양성에 일조하는 나무다.

고추나무 꽃은 늦은 봄 신록의 숲속에서 눈이 부시도록 희게 피어난다. 봄꽃의 원리를 보면 잎이 나기 전에 피는 꽃은 대개 분홍빛을 띤다. 한편 땅 위로 피는 꽃은 노란 꽃이 많고 푸른 잎 위로 피는 꽃은 흰색이

고추나무 꽃

많은데, 이 또한 매개해줄 곤충의 눈에 잘 띄는 색 대비를 염두에 두었음일 터이니 참으로 조화로운 자연이다.

고추나무의 다른 이름은 '미영꽃나무'다. 아마도 목화를 '미영꽃'이라 하고 목화실로 짜서 지은 옷을 미영치마, 미영저고리라 불렀던 것과 무관하지 않은 듯하다. 눈이 부실 듯 휘영청 핀 고추나무의 흰 꽃에서 하얀 목화송이를 떠올린 것일까? 더러는 흰 헛꽃을 화려하게 피우는 산딸나무를 미영꽃나무라 부르기도 한다.

꽃을 피우기 전의 고추나무 잎은 훌륭한 나물이다. 같은 시기에 따는 다래순은 데쳐서 말린 뒤 묵나물을 하지만 고추나무 순은 살짝 데친 후 바로 무쳐서 먹으면 잡내 없는 담백한 맛이 일품이다.

봄철에 새순나물과 눈부신 흰 꽃으로 눈길을 끌던 고추나무는 꽃이 지면 거의 눈에 띄지 않는다. 그렇게 잊혔다가 늦여름에 다시 사람들 눈에 들어오게 되는데, 바람에 사그락거리는 열매의 모습이 마치 여인네 속곳 같기도 하고 어찌 보면 아가용 목베개 같기도 하다. 한방에서는 이 열매와 뿌리를 작고유省沽油라 하여 마른기침, 산후 어혈, 기관지염 등에 약재로 사용한다.

어린 시절 다래순나물을 하시던 어머니를 따라갔다가 험하게 엉킨 다래덩굴을 밟고 설 엄두가 나지 않을 때면 대신 누이와 함께 자그마한 고추나무를 골라잡고 잎을 따곤 했던 추억의 나무다.

산채의 제왕
두릅

앞산에 비가 개니 살진 나물 캐 오리라

삽주 두릅 고사리며 고비 도랏 어아리를

일부는 엮어 달고 일부는 무쳐 먹세

—「농가월령가」 3월령 중에서

1월령의 "묵나물 삶아내니 고기맛에 비길쏘냐", 2월령의 "산채는 일렀으니 들나물 캐어 먹세 고들빼기 씀바귀며 소루쟁이 물쑥에다 달래김치 냉잇국은 입맛을 돋우나니"에 이어 3월령에서는 비가 개고 본격 산나물 채취를 시작한다. 민초의 먹거리 생활상을 일목요연하게 잘도 정리해 놓았으니, 노랫말을 보면 그 모습이 그려질 정도다.

주로 갈기 전의 밭이나 논두렁에서 뿌리째 캐던 2월의 들나물과 달리 산나물은 그 성상에 따라 채취 방법도 다양하다. 잎이 넓고 줄기가 연한 취나물 종류는 손으로 그냥 잡아 뜯으면 되니 "뜯는다"고 하며, 화살나무나 회나무 또는 광대싸리의 잎처럼 오밀조밀하게 난 작은 잎은 "훑어" 담는다. 두릅이나 개두릅 같이 굵은 순이나 고사리나 고비처럼 통통한 줄기를 가진 놈은 손으로 분질러 담아야 하니 "꺾는다"고 했으며 원추리나 미나지(영아자) 등은 지상으로 올라온 부분이 적어 땅속줄기까지 칼로 잘라서 채취하기 때문에 "도린다"고 한다. 더덕이나 도라지 같이 깊이 박힌 뿌리나물은 호미나 괭이를 사용해서 "캐야" 했다.

다래순이나 오가피순처럼 꺾거나 뜯거나 딴다고 하기에도 애매한 것들은 그냥 채취하는 행위를 폭넓게 통칭하는 '하다'라는 표현을 썼다. 산골마을 사람들은 "눈이 발바닥"이라며 스스로 문맹임을 자조하듯 말했지만 이들이 쓰던 표현의 정교함은 지금 생각해도 감탄을 자아낸다.

산행의 목표물이 뚜렷할 때에는 "두릅 꺾으러 가자"거나 "취나물 뜯으러 간다"고 한다. 그런가 하면 "나물 하러 가자"는 이것저것 골고루 채취하러 가자는 의미이니 말의 토씨에 따라 행선지와 준비물을 달리했던 지혜가 녹아 있는 표현들이다.

『야생초 편지』의 황대권은 우리나라의 4대 야생초로 쇠비름, 참비름, 질경이, 명아주를 꼽은 바 있다. 산나물의 순위를 정한다면 어떤 순일까?

미나리, 돌나물, 중댕가리, 원추리, 미나지싹, 홑잎나물, 고추나무순, 다래순, 오갈피순, 광대싸리잎, 두릅, 개두릅, 참취, 곰취, 수리취, 개미취, 미역취, 병풍취, 머위, 곤들레, 곤달비, 누루대, 잔대싹, 삽주, 모시대, 거무노리, 우산나물, 삿갓나물, 산부추, 고사리, 고비, 뚜깔, 더덕, 도라지……

　성황림마을의 봄철에 지천인 나물들을 일일이 열거하자면 한이 없다. 이 산촌의 자랑스러운 나물꾼이셨던 우리 어머니의 아들로서 네 가지를 굳이 꼽으라면 더덕, 두릅, 고사리, 참취를 들고 싶다. 이 넷은 맛뿐 아니라 채취량과 가격도 좋아 돈이 귀하던 시절 오일장에 내다 팔아 요긴하게 쓰던 수입원이기도 했기 때문이다.

　두릅은 산형화목 두릅나뭇과의 낙엽관목인 두릅나무에서 봄철에 올라오는 새순을 나물로 이르는 말이다. 수피에는 가시가 있으며, 가지가 잘 번지 않는 나무라 보통 2~3미터쯤 크는 나무 한 그루에서 한 개씩의 두릅을 딸 수 있다. 영서 지방에서는 5월 초쯤 돼야 두릅이 채취할 만한 크기가 되는데 채취에 적절한 시기가 아주 짧아 놓치면 급속하게 목질화가 진행된다. 초벌두릅을 따고 난 자리에는 다시 새순이 돋는데 그것을 '움두릅'이라 한다. 이것은 주로 삶아서 묵나물로 만든다.

　초벌두릅은 맛과 향이 아주 좋다. 뿐만 아니라 겨우내 준비했던 에너지를 한곳으로 집중해 피워올린 것이라 각종 영양소가 풍부해 당뇨병과 신장병, 관절염, 중풍, 감기 등의 여러 질환에도 효과가 있다고 한다. 물에 데쳐서 초무침으로 먹거나 튀김, 산적 등으로도 이용하고 묵나물로 만들면 사철 즐길 수 있다.

두릅에 관한 기록으로는 조선 말엽의 『규합총서』에 "시월에 가지를 베어다 더운 방에 두고 물을 주어 키워서 봄이 오기 전에 순이 돋게 해 주 안상을 차렸다"는 기록이 있으며 『해동죽지海東竹枝』에는 "용문산의 두릅이 특히 맛있다"고 적혀 있다. 그 이전의 기록은 『동의보감』「탕액」편에 "둘훕", 『향약본초』에 "지두을호읍"이라는 표현이 있어 둘읍-둘훕-두루피-두릅의 변천을 보인다.

두릅은 나무 끝에서 채취하니 '목두채'나 '목말채'라는 이름으로 불리기도 하며 '맛있는 것이 당연하니 입을 꾹 다물라'는 뜻으로 입술 문吻을 써서 문두채吻頭菜라 부르기도 한다. 두릅나무는 오가피나무나 인삼 등과 같은 과에 속하는데 한자어로 '총목惣木'이라 하고 나무의 껍질을 총백피, 뿌리의 껍질을 총근피라 하여 당뇨병과 신장병 등에 약재로 쓴다.

나 어릴 적 어머니는 두릅을 꺾을 시기가 되면 형을 데리고 우리말림*이었던 피나무골에 오르셨다. 일반적으로 야산이나 계곡가의 키를 조금 넘는 두릅나무와는 달리 골짜기 참나무숲의 두릅나무는 참나무와 경쟁할 만큼 키가 커서, 십여 미터까지 되는 놈이 많았다. 키는 커도 밑동이 팔뚝 정도의 굵기라 나무로 긴 갈고리를 만들어 윗부분을 걸어 잡아당기면 손을 뻗어 두릅을 딸 수 있을 정도로 휜다. 형이 두릅나무에 갈퀴를 걸어 잡아당기면 어머니가 가셔서 두릅을 꺾는데 어쩌다 뚝! 소리가 나며 나무가 부러지면 당신 몸인 듯 마음 아파하시던 어머니. 그런 두릅은 크기도 커서 굵기가 손으로 쥐어 손가락이 맞닿지 않을 정도였다. 몇 개만 따도 한 관**이 된다며 소중히 다루셨다.

내가 직장생활을 하고 어머니가 시골집에 혼자 계시던 시절 오랍뜰(오래뜰)에 온갖 나물을 가꿔놓으신 어머니께서 두릅 철이 되면 늘 이번 주에 내려올 수 있는지 물으셨다. 별 생각 없이 "이번 주에는 못 갈 것 같다"고 대답하면 "두릅이 쇠는데"라며 안절부절 못 하셨다. 어머니께서 돌아가신 후 텃밭농사를 지으며 그 두릅나무들을 관리하다 보니 비로소 어머니 마음이 알아진다. 2~3일사이의 채취 적기를 놓칠세라 두릅이 필 시

---

* 산을 관리하며 땔감 등의 부산물을 채취하기도 하는 주민 간의 암묵적인 전담구역.
** 나물을 팔던 무게의 단위.

기가 되면 안절부절 못 하다 옆집에 전화를 거는 내 모습을 깨달을 적마다 죄송스러움을 느끼면서.

"참이야! 이게 할머니가 가꾸어놓은 두릅나무란다. 예전에는 이 두릅을 산에서 꺾어다 팔기도 했지."

어느 주말행에 텃밭가의 두릅을 꺾으며 오랜 기억을 더듬어본다.

3부 | 색 色

유년의 꽃

작고 귀여운 애첩 같은
고마리

"호서지중에 일등 기인 소춘이가 이 대흥 땅에 있다는 말 듣구 불원천리 찾어왔건만 가는 날이 장날이라구 어느 양반의 댁 고마로 들어앉게 되었다니. 낭패가 아니구 무엇이여."

김성동의 대하소설 『국수國手』의 한 대목이다. 엄격한 가부장적 유교문화에 칠거지악까지 만들어놓고는 공공연히 첩을 들이던 조선시대에 그 첩을 지칭하던 말이 '고마'다.

'고마'의 어원은 대음신大陰神을 부르는 말에서 기원했다고도 하고 몽고어에서 차용했다는 설도 있다. 이외에도 다양한 주장이 있으나 『법화경언해法華經諺解』나 『신증유합新增類合』 등 중세국어의 기록에 여기저기 나타나는 흔적들을 종합하건대 '작고 귀여운 것'을 가리키는 말에서 비롯됐다는 추론이 가장 근사하다. 조선 초기에 지어진 『석보상절』(13~20)에도 "좋은 나라의 궁전과 신하와 고마를 버리고"라는 표현이 등장하니 '고마'

는 적어도 조선시대 이전부터 일반적으로 쓰인 말임을 알 수 있다.

물봉선이 분홍과 노랑의 꽃을 화려하게 수놓는 여름 끝자락의 개울가에는 구릿대나 강활 등 산형과의 꽃들이 함께 어우러져 있다. 마치 축포를 터뜨리듯 커다란 방사상의 흰 꽃이 화사한 이 무렵에 주변을 자세히 보면, 이들의 화려함에 가려 미처 눈에 들지 않았던 작은 꽃이 있으니 이 녀석이 바로 고마리다.

며느리밑씻개나 미꾸리낚시 같은 마디풀과의 다른 자매들이 껑충하고 엉성한 느낌이라면 고마리는 넓적한 잎과 상대적으로 짧고 촘촘한 줄

기가 특징으로, 물가를 따라 넓은 군락을 이루어 빼곡하게 자란다. 늦여름에서 가을에 걸쳐 피는 조그만 꽃은 마치 물봉선의 축제에 터뜨린 불꽃놀이 파편인 양 아름답다. 특히나 작은 꽃 여러 개가 구형을 이루어 몽우리 진 모습은 귀부인의 저고리 깃에 장식으로 달린 오색의 괴불주머니나 동화 나라에서 장난감 병정이 휘두를 법한 철퇴마냥 앙증맞아 보는 순간 누구나 그 이름과 견주어 작고 귀엽다는 느낌을 받을 수밖에 없다.

최근의 여러 기록에서 고마리는 오염된 물을 정화시켜주는 고마운 풀이라서 '고마운 이'가 '고만이'로 변했다는 유래를 소개한다. 그러나 우리 의식 속에 수질오염이란 개념이 등장한 지가 얼마 되지 않았음을 생각하면 작위적인 느낌이 있다. 한편 고마리의 다른 이름인 '고만이'에는 크기가 고만고만하게 핀다고 하여 붙은 이름이라는 주석이 곁들여지곤 한다. 그러나 군락으로 자라는 동종식물이 고만고만한 것이 지극히 당연한 일임을 생각하면 이 또한 실소가 머금어지는 해석이다.

나는 아버지의 늦둥이로 '고만이' 자식이었다.

아홉 살 많은 형은 6·25전쟁 중에 태어났다. 일사후퇴 때 충주 달래강의 숨구멍이 벌름벌름하던 살얼음판을 건너 경북 어디쯤까지 피란을 가셨다가 갖은 고생을 하신 아버지는, 곧이어 내려진 2차 대피령 때는 성황림마을 주민들이 모두 피란을 갔는데도 만삭이었던 어머니와 함께 마을에 남았다.

모두가 떠나고 텅 빈 마을에서 밤새 포르르 포르르 날던 포탄이 산

너머 어디쯤에서 콰쾅! 하고 터질 땐 간이 콩알만 해진 채 '죽더라도 가다가 죽을 걸' 하고 수없이 후회하셨다 한다. 낮이 되어 밤새 퍼붓던 포탄 소리가 그나마 뜸해지면 느닷없이 쐐액 소리와 함께 낮게 내리꽂히듯 하강하며 콩 볶는 소리를 내던 쌕쌕이나 사다리비행기의 기총소사에 혼이 다 나갈 지경이었다.

곧이어 인민군이 들이닥쳤지만 이미 몇 달 전 경험을 했던 터라 아버지는 의연하셨고 그들은 어딘가에서 피란민들이 숨겨놓고 간 듯한 볏 가마를 메고 와서는 쌀을 만들어놓으라고 했다.

"며칠 후에 찾으러올 테니 최대한 많이 찧어놓으라우!"

이렇게 서슬 퍼런 주문을 남기고 남하한 인민군 간부가 무서워서 아버지는 밤낮으로 벼를 찧어 자루에 담아 쌓아두었다.

전선이 남쪽으로 많이 밀렸는지 한동안 뜸하던 포성이 다시 가까워지던 어느 날 인민군 복장의 군인 하나가 황급히 뛰어 들어와서는 "나는 서울사람입니다. 길잡이로 억지로 잡혀왔다가 지금 국군에 쫓겨 올라가는 중인데 여기서 도망 못 가면 북으로 가야 됩니다. 갈아입을 옷 한 벌만 주시면 그 은혜 평생 잊지 않겠습니다" 하기에 솜바지저고리 한 벌을 내주니 쏜살같이 갈아입었다. 그리고는 "서울 쪽이 어딥니까" 묻더니 아버지가 가리키는 거무내 계곡 쪽으로 사라졌다. 남은 것은 그 사람이 벗어놓은 인민군복과 총 그리고 함지박으로 하나 가득 쏟아놓은 밥이었다. 곧이어 들이닥칠 인민군에게 이것을 들키면 바로 죽은 목숨인 상황이었다.

재빨리 앞개울에 총과 옷가지를 가져다 버린 아버지는 쏟아놓은 밥을 다시 담아 울러메고 어머니를 앞세워 절골의 움막으로 피신하셨다. 북으로 쫓겨가는 인민군은 산 지리에 능숙한 주민을 길잡이로 세우는 경우가 많다. 근방을 아는 길잡이라면 강림 쪽으로 가는 대치재를 넘을 터이니, 뒷길이 없는 절골은 안전하다고 판단하신 것이다. 황급히 절골 언덕을 올라서며 뒤돌아보니 당숲 쪽 마을진입로에 인민군들이 그야말로 새카맣게 쏟아져 들어오고 있었다.

농사철이면 큰아버지가 임시 농막으로 이용하던 절골의 벼락바위 밑 움막에서 며칠을 숨어 지내는 동안 아버지는 만삭의 어머니에게 미역국과 밥을 해주셨다. 그런데 황급히 쫓겨오느라 소금을 미처 챙기지 못했다. 마을로 다시 내려갈 수도 없어서 맨 미역국만 보름이 넘도록 먹다 보니 생목이 올라와, 그때 물리신 어머니는 이후 돌아가실 때까지 미역국은 입에도 대지 않으셨다.

포성과 총성이 멀어진 듯해 마을로 내려와보니 피난 갔던 사람들이 한두 집씩 돌아오고 디딜방아 옆에 멍석으로 덮어두었던 쌀은 그대로 있었다. 며칠 뒤 어머니는 형을 순산하셨고 그 쌀 덕분에 양식 걱정 없이 겨울을 날 수 있었다.

당시 국군과 인민군의 이동로가 되었던 마을의 집들은 대개 뼈대는 그대로 있었으나 문이 하나같이 떨어져나가고 없었다. 아군이고 적군이고 지나는 길에 손발을 녹이기 위해 집집마다 문이란 문은 모조리 뜯어다 모닥불을 피웠던 것이다. 그런데 문의 수요가 급증한 데 비해 문을 짤 수 있는 연장과 기술을 가진 인력이 드물었다. 이 상황을 간파하신 아버지는 횡성으로 넘어가 어느 목수 밑에서 며칠간 일을 거들며 문 짜는 방법을 익혀 마을로 돌아와 목수로 변신하셨다. 당시 한꺼번에 수요가 밀리다 보니 문짝을 주문해놓고도 몇 달씩 가마니나 짚으로 거적문을 엮어 달고 견디는 집이 부지기수였던 터라 면내에서까지 주문이 밀려들었다.

소목으로 시작한 아버지의 목수일은 그 솜씨를 인정받아 이따금씩 집을 짓는 대목의 일거리도 받게 되었다. 부모님은 그렇게 번 돈을 전쟁통에 주워둔 탄약통에 모았는데 통에 돈이 가득 차면 땅뙈기를 사거나 송아지를 사서 이웃집에 장려소*로 주면서 차츰 재산을 늘려갔다. 그리곤 형을 볼 때마다 "저놈을 낳고 나서 우리 집 재물이 늘어났어. 저놈이 화수분 단지여!" 하고 말씀하곤 하셨다.

아무리 꺼내 써도 재물이 줄지 않고 계속 나오는 보물단지 '화수분'. 그러나 어찌 알았으랴. 몇 년 뒤 어머니의 의지로 낳은 늦둥이 자식이 그 화수분 단지에 들어앉은 '고만이'가 될 줄을.

고만이는 재물이나 벼슬이 오르는 것을 막아 늘 '고만큼'에 머무르게 한다는 귀신을 가리키는 말이다. 아버지는 이따금 다음과 같은 고만이의 유래를 말씀해주시며 주름이 깊게 파인 얼굴로 웃으셨다.

살기가 곤궁했던 옛날, 어느 가장이 모처럼 풍년이 들자 식구들을 모아놓고 말했다. "겨우내 이것을 파먹고 살면 내년에 또 가난을 면치 못할 테니 흩어져서 각자 얻어먹고 겨울을 난 뒤 모이자." 그렇게 가족들은

---

* 소를 사지 못하는 이웃에게 송아지를 주어 키우게 한 뒤에 팔아서 이익을 반씩 나누는 제도.

농사지은 곡식을 커다란 독에 넣어 땅에 묻고 각자 길을 떠났다. 그런데 갖은 고생을 하며 겨울을 난 식구들이 봄에 다시 모여 독을 파보니 안에 곡식은 없고 곡식을 파먹은 짐승이 한 마리 들어 있었다. "너는 누구냐?"고 묻자 그놈이 "나는 고만이요" 하더란다.

화수분 형과 고만이 막내는 그 천성부터가 달랐다. 화수분 형은 어릴 적 아버지가 깡통 속에 돌을 넣어 손잡이를 단 장난감을 만들어주었더니 몇 년이 지나 깡통이 뚫어지도록 그 장난감만 흔들고 다녔다고 한다. 중학교 때 교복을 한 벌 해주었더니 3년을 입고도 작기만 할 뿐 말짱했으며, 하루에 쇠꼴 한 짐을 할당해주면 언제나 꼭꼭 눌러 할당량을 채우고 어쩌다 장맛비로 그 꼴 한 짐을 못 채운 날은 자기 분에 못 이겨 엉엉 우는 형이었다. 커서도 밖에서 돈이라도 생겼다 치면 문지방을 넘어서기가 무섭게 그 돈부터 꺼내놓았다. 그런 성격 탓에 연로하신 아버지가 나뭇지게를 지지 않아도 땔나무는 늘 넘쳐났고 재물은 늘면 늘었지 축날 일이 없었다.

고매이(고만이) 녀석은 어땠는가. 겨울이면 썰매나 외발(얼음 위에서 타는 것)을, 다른 계절엔 나무수레를 만들고 부수느라 집안에 연장이나 송판조각이 남아나지를 않았고, 벽이나 닭장에 못이란 못은 죄다 빼다가 없애고(당시엔 못이 귀했다) 중학교 땐 해마다 교복을 맞춰줘도 한 철만 지나면 누더기가 되었다. 쇠꼴이라도 시키면 마지못해 엉성하게 흉내만 내고 집안의 시계·라디오·전축·재봉틀 등 기계란 기계는 다 뜯어서 망가뜨리곤 했다. 게다가 툭하면 참고서다 뭐다 노인이신 부모님은 알아들을 수도 없는 명목으로 수시로 돈 뜯어가고, 고등학교 땐 남의 애 이빨을 부러뜨려 뭉칫돈이 나갔다.

"아부지 육성회비 내래유."

"아부지 참고서 사러 원주 가야 돼유."

중학교 때부터 이런저런 명목으로 돈을 요구하는 늦둥이 아들에게 아버지는

"또? 얼마나?"

하시더니 허리춤에 차고 계시던 낡은 전대를 끌러 어머니에게 던지며

"이제 돈 관리는 임자가 하구려! 저눔은 우리 집 고매이여 고매이"

하시고는 혀를 끌끌 차셨다.

그러나 부모님은 어떤 명목으로건 달라는 돈을 덜 주거나 안 주신 적은 없었다. 집을 새로 짓거나 물건 값을 흥정할 때도 부른 값에 "얼마를 더 줄 테니 더 잘해달라"고 하셔서 깎으려 들 것을 예상했던 상대를 놀라게 하셨다. 내게도 "이건 꼭 먹는 데 쓰라"며 오히려 달라는 금액에 늘 얼마간의 돈을 더 주시는 아버지였다.

아버지는 내가 고등학교 들어가던 해 세상을 떠나셨는데 생전에 하시던 여러 말씀 중 고매이 아들인 내 귓전을 늘 맴도는 말이 있다.

"핵교랑 농협이랑 병원은 다 도둑놈이여!"

고마리는 어릴 적 뒤란의 고목밤나무에서 떨어진 올빼미새끼를 키우느라 틈만 나면 개구리를 잡으려고 막대기로 두드리고 다니던 봇도랑

가에 무성했던 풀이다. 방패 모양의 잎은 소꿉놀이하는 여자애들이 '간따꾸*'라며 따 가지고 놀았고, 한 소쿠리 베어다 돼지들에게 던져주면 꿀꿀거리며 잘도 먹던 일명 돼지풀이기도 하다.

사나운 정실부인보다 애첩이 작고 귀엽게 느껴져 첩을 가리키는 '고마'를 따서 풀이름에 붙인 건지 또 그 말이 경음화되어 '꼬마'로 변화했는지 아니면 고만이 귀신과도 연관이 있는지……. 자칭 어원연구가의 오지랖은 여기서 멈추지만, 분홍과 흰색이 조화된 조그만 고마리 꽃방울의 앙증스러움은 들여다볼수록 탄성을 자아낸다.

"저눔은 우리 집 고매이여!"

귀여운 늦둥이에게 쏟는 사랑이 느껴지던 아버지의 핀잔 어린 목소리가 들려올 것만 같다.

* 일제의 잔재로 원피스를 그렇게 불렀다.

애향단의 길꽃
코스모스

코스모스 한들한들 피어 있는 길
향기로운 가을길을 걸어갑니다
기다리는 마음같이 초조하여라
단풍 같은 마음으로 노래합니다

길어진 한숨이 이슬에 맺혀서
찬바람 미워서 꽃 속에 숨었나
코스모스 한들한들 피어 있는 길
향기로운 가을길을 걸어갑니다

한국전쟁의 상흔이 조금씩 아물어가던 무렵. 산병풍마을의 한가운데 있는 초등학교 등하굣길에는 '우리도 한번 잘 살아보세!'를 필두로 하는 계몽가가 울려퍼지고 낮 12시 55분에는 어김없이 라디오에서 하는 '김

삿갓 북한방랑기」를 틀어주던 시절, 가을이면 김상희의 노래 「코스모스 피어 있는 길」이 흘러나와 다가오는 계절을 알렸다.

당시 마을 청년들은 정부의 적극 지원에 힘입은 '4H클럽'의 기치 아래 초가집을 걷어내고 마을길을 넓히는 데 온 힘을 쏟았다. '노인회'부터 시작해서 부녀자들의 생필품 공동구매를 주로 하는 '생계', 방과 후 마을길의 청소와 단장의 임무를 부여받은 코흘리개들의 '애향단'까지, 관의 주도에 의해 만들어진 이른바 '관제구락부'가 전성하던 시대였다.

성황림마을 능숲 개울 건너 웃버데이(윗버등) 초입에 기태 형이 살았다. 본래부터 살았던 것은 아니고 땅꾼인 그의 아버지가 뱀을 사러 다니면서 빈집에 한철 기거하다가 눌러앉게 되었는데, 집 없이 떠돌다 보니 하나밖에 없는 아들 학교를 제때에 보내지 못한 것이 그 아버지로서는 마음의 짐이었다. 기태 형은 "더 늦기 전에 한글만은 깨치게 해야겠다"는 부친의 의지로 나이보다 서너 살 적은 아이들과 같이 학교에 다니게 된 것이었다.

나이가 있으니 공부를 제외한 모든 것에서 한수 위였지만 본분이 본분인지라 한글도 완전히 깨치지 못한 형으로서는 줄반장 한 번 해보지 못한 것은 물론, 나머지공부 단골에다 숙제도 제대로 못해서 방과 후 교실 청소까지 도맡아 하는 처지였다.

그런 기태 형이 가장 잘하는 일은 땅꾼의 아들답게 역시 뱀 잡기였다. 마을의 퇴비장에 넣을 갈(갈참나무 잎) 꺾기나 화전 묵밭에 심은 낙엽송 주변의 잡초를 제거하는 공동작업 때 뱀이 나오면 아주머니건 아저씨건 으레 "뱀이다!" 하지 않고 "기태야!" 했다.

이름을 부르는 소리가 들리면 기태 형은 제 일을 하다 말고 번개처럼 뛰어왔다. 이미 저만큼 풀숲으로 사라진 뱀을 쫓아가 낡아서 구멍이 숭숭 뚫린 통일화 발로 재빨리 밟고는, 잡는다기보다 숫제 주워서 나오는 수준이었다. 돌 틈에 들어가 꼬리만 살짝 보이는 놈이건 독이 올라 똬리를 틀고 대가리를 흔들어대는 놈이건, 종류를 가리지 않고 맨손으로 집어 드는 기태 형이었다. 그러니 동네 사람들은 집 근처 돌담이나 밭둑에서 느물느물 기어가는 뱀을 보면 으레 기태 형에게 기별을 했고 그중에 값이 좀 나가는 뱀은 나중에 형네 아버지가 얼마간의 돈으로 사례하기도 했다.

기태 형이 다음으로 잘하는 것은 나무타기였다. 당숲의 엄나무 신목이건 우리 집 밤나무 고목이건, 새매나 올빼미가 새끼를 치는 기척이 있으면 까마득히 높은 꼭대기를 아슬아슬 기어 올라간다.

나무 꼭대기에 매미처럼 붙은 채로 제 새끼를 보호하려는 어미 매의 공격에 대항하느라 나뭇가지를 휘두르는 형의 모습은 올려다보는 우리가 오히려 간이 콩알만 해질 정도였다. 그런 우리들 앞에 형은 하얀 솜털이 보송보송한 새끼를 꺼내놓으며 옷에다 똥을 갈겼다고 투정과 으쓱함이 뒤섞인 표정으로 땅에다 침을 퉤퉤 뱉었다.

박쥐를 잡아 팔려고 한겨울에 오함마(큰 망치)로 횟골굴의 바위벽을 깨낸다거나, 한겨울에 보악소의 얼음을 깨고 비료 포대 가득 개구리를 잡는 그 담대함은 이미 초등학생이 아니었다. 가끔씩 인심 쓰듯 동네 조무

래기들을 집으로 불러 마당가의 커다란 뱀통을 열어 뱀을 보여주는 일도 있었다. 온갖 종류가 뒤엉킨 뱀을 한 놈씩 집어내 '흑질백장'이네 '칠점사'네 이름과 값을 일러주며 "이놈한테 물리면 일곱 발짝도 못 가서 죽는다"고 겁을 주기도 했다. 또 당시에는 2, 3일마다 한 번씩 신림양조장에 내려가 막걸리 통을 동네 주막까지 지게로 져 나르는 형이 있었는데, 어쩌다 그 형이 4H청년회 울력(공동작업)을 나가는 날이면 기태 형이 대신 신림양조장에 갔다. 그럴 때면 기태 형은 당숲 개울쯤에서 아이들을 불러 술을 먹이고 술통에는 빈 만큼 물을 채워넣기도 했다.

그런 기태 형이 6학년이 되면서 버덩말, 양짓담, 안담, 웃버데이*를 아우르는 본동 애향단장이 되었다. 일제강점기 때 효과를 톡톡히 경험한 뒤로 이른바 '완장'을 남발하는 것이 관제구락부 시절의 특징 중 하나였는데, 물자가 절대 부족하던 당시에도 '새마을지도자'나 '4H회장' 같은 관제구락부의 리더에게는 나뭇잎이나 클로버 문양이 있는 푸른 모자와 완장이 지급됐다. 그 완장의 효과는 실로 엄청났는데, 예를 들어 가나안 농군학교에서 3주짜리 지도자 교육만 받고 나와도 사명감이 대단했다. 그런 이들이 "2차 세계대전 후 독일에서는 다섯 명이 모여야만 성냥 한 개비를 켤 수 있었다"는 독일인의 근면정신을 앵무새처럼 전파해대면서 관 주도의 계몽운동에 앞장서고는 했다.

애향단도 일종의 관제구락부라 '애향단장'이라는 글씨가 새겨진 형

---

* 본동 안에서 구분되는 소구역.

겊 완장이 지급되었다. 학교에서 가까운 본동 애향단은 일요일 아침마다 모여 당숲에서 학교에 이르는 마을 진입로를 깨끗이 쓸거나 길가에 국화나 코스모스 모종을 옮겨 심고 주위의 잡초를 제거해주는 등이 주된 임무였다.

난생 처음 차보는 완장에 기태 형은 무척이나 들뜬 듯했다. 형은 일요일 아침마다 부지런히 일어나 흰색 헝겊으로 된 애향단장 완장을 팔뚝에 두르고 집집마다 돌아다니며 아이들을 불러냈다. 학교 앞에서 당숲으로 내려가며 길을 쓸고 돌을 줍고 코스모스에 물을 주는 것만으로는 넘치는 의욕을 주체하지 못했던지 어느 날은 당집 앞에 이르러 "야! 오늘은 여기에다 화단을 만들자"고 말했다.

"……."

청소가 끝났으니 오징어가이상이나 하려고 나무막대기로 당집 마당에 금을 긋던 녀석이나 빨리 집으로 가서 동생을 돌보거나 농사일 한몫을 거들어야 했던 아이들은 기태 형이 던진 말에 멀뚱멀뚱 바라보기만 할 뿐이었다.

잠시의 침묵이 흐른 후 한 녀석이 말했다.

"난 집에 가야 돼."

"지금 가는 사람은 불참이야."

불참! 당시에는 '애향단 활동 불참자 명단'이 반장이 적어내던 '떠든 사람'이나 '숙제 안 한 사람'만큼이나 공포였다. 그 명단에 올라가면 모두가 싫어하는 변소 대청소에 동원되기 일쑤였던 것이다.

"불참"이라는 말에 주눅이 든 아이들은 당집 뒤 개울에 널려 있는 괴석*을 날라 화단의 테두리에 두르기 시작했다. 삼단으로 구분해 돌탑을 쌓고 샘 습지에 지천이던 구릿대, 광대수염, 천남성 등 눈에 띄는 식물들을 옮겨 심었다. 그런 뒤 돌 사이사이에 물이끼를 입히고 물을 흠뻑 주니, 누가 봐도 근사한 화단이 완성되었다. 월요일 조회 때 면내에서 자전거를 타고 출근하다가 화단을 보신 교장선생님이 본동 애향단을 칭찬했고 기태 형은 난생 처음으로 제도권 안에서 느끼는 으쓱한 기분을 즐기는 것 같았다.

그리고 이튿날, 방과 후 당숲에서 놀던 아이들이 기태 형에게 화단의 이상 징후를 알려왔다. 습지에서 싱싱하게 꽃을 피우다가 갑자기 당집 앞 그늘로 옮겨진 꽃이 시들기 시작한 것이다. 그 후 기태 형은 매일 아침 등교하기 전에 주전자를 들고 당숲 화단으로 뛰어가 꽃들에게 물을 퍼주며 정성을 들였다. 물론 그 팔에는 완장이 자랑스럽게 둘러져 있었다.

일요일 아침이 되면 공식 애향단은 즉각 소집됐고 당집 앞 화단은 새로 옮겨 심은 꽃들로 다시 활기를 띠었다. 마을 진입로 양쪽에도 학교 뒤 묘판에서 옮겨다 심은 코스모스 모종이 빼곡하게 심겼고, 또 일주일 동안은 이른 새벽 완장을 차고 주전자를 든 기태 형의 발길이 분주했다.

그런 기태 형이 화전민 이주 대상자에 끼어 6학년을 못 마치고 학교를 그만두게 되었다. 형이 소집한 마지막 애향단 활동이 끝날 때, 형은 원

---

* 구멍이 많고 형태가 특이한 돌.

래의 핀이 떨어져 검정고무줄을 끼워 두르고 다니던 때에 찌든 완장을 냉면집 형에게 넘겨주었다. 완장을 벗으며 못내 아쉬워하던 그 표정을 끝으로 기태 형을 다시 보지 못했다. 기태 형이 떠나간 뒤 당집 앞의 화단은 곧 잡풀로 뒤덮였지만 당숲에서 학교에 이르는 신작로 주변엔 해마다 형형색색의 코스모스가 유난히 빼곡하게 피어 장관을 이루었다.

코스모스는 '그 자체에 질서와 조화를 가지고 있는 세계 또는 우주'를 의미하는 그리스어다. 생활 속에 딱히 유용하게 쓰이는 식물도 아닌 들풀에 붙은 이름치고는 과분하다 생각할 수도 있지만 딱히 지나치지도 까다롭지도 않은 생김과 섭생으로 전 세계에 귀화해 적응하고 있으니, 그 이름값에 고개를 끄덕이게 된다.

우리나라에는 개화기 이후 유입된 것으로 보이는데 단순하고 균형 잡힌 꽃과 넘치지도 모자라지도 않은 줄기와 잎의 조화가 편안하다. '한들한들'이나 '산들산들'같은 의태어를 독점할 정도로 유연한 모습이 거부감이 없어, '국민의 길꽃'으로 훌륭하게 자리한 것 같다.

역전 길에 하늘하늘 피어 추석명절 고향을 찾은 귀성객을 제일 먼저 반겨주는 것이 코스모스다. 중학 시절 어쩌다 형 자전거를 타고 등교하던 날 앞서가던 여학생들 사이를 뽐내며 지나치다가 그만 중심을 잃고 코스모스 빼곡한 앞길에 넘겨박혔던 기억도 빼놓을 수 없다. 가을이면 잔디 씨앗과 함께 도깨비바늘 같은 코스모스 씨앗을 편지봉투에 한가득 채취해 제출해야 했고, 코스모스 꽃잎을 하나 건너씩 떼어내고 속이 빈 풀대에 꽂아 입에 물고 달리면 팽그르르 바람개비가 되기도 했다.

눈이 번쩍 뜨이는 색의 대비와 크기를 자랑하는 원예종 관상화들이 넘쳐나는 요즘 한적한 길가에 듬성듬성 핀 옛 모습 그대로의 코스모스를 바라보면 어찌나 반가운지.

초롱꽃목 국화과의 한해살이풀 코스모스. 그 시절의 후손들일까? 성황림에서 폐교된 초등분교에 이르는 옛길에 아직도 해마다 듬성듬성 피는 코스모스를 보며 애향단 완장을 두르고 의욕에 넘쳤던 기태 형을 떠올려본다. 몇 가구의 가재도구가 함께 실린 신진트럭의 적재함에 앉아 여름내 자신이 가꾼 코스모스 꽃길로 덜커덩거리며 멀어져갔을 기태 형. 맨손으로 뱀을 주워들고 동굴 벽을 깨서 박쥐를 잡던 손으로 꽃길을 가꾸게 한 그 완장의 힘이라니!

코스모스는 관제구락부 시절 획일화 시책의 상징 같은 꽃이다. 어른들이 초가집을 없애고 마을길을 넓혀놓으면 아이들은 일제히 코스모스를 심던 하루하루. 이 시절이 있음으로 우리 삶은 날로 풍요로워졌지만, 볼품없는 슬레이트 지붕에 코스모스 꽃길이라는 공통의 고향 모습을 갖게 되었다. 그 뒤 기태 형은 무슨 완장이든 다시 차볼 기회가 있었을까?

코스모스. 사진 임병환 박사 제공.

만이 누나의 방문 장식
단풍나무

"아 거기 못 서? 이년 잡히기만 해봐라!"

사금파리*를 주워다가 번갈아 튕겨가며 땅 따먹기를 하는데, 맨발의 쿵
쿵 소리와 함께 흙먼지를 일으키며 만이 누나의 꽃무늬 월남치마가 시야
를 스쳐간다.

"이런 늑대가 물어갈 년!"

동네가 떠나갈 듯 연이은 독설과 함께 헐떡거리며 뒤를 쫓는 것은
만이 엄마다. 여남은 발짝 뒤에서 아직 불똥이 채 삭지 않아 벌겋게 타들
어가는 부지깽이를 휘두르며 숨이 턱에까지 닿도록 달린다. 두 사람이 지
나가면 우리가 한나절 내내 기껏 넓혀놓은 땅 금은 이미 뭉개져 있다.

만이 누나는 불붙은 물거리** 부지깽이로 등짝이라도 후려칠 엄마의

---

*　깨진 사기그릇 조각.
**　마르지 않은 생나무.

기세에 쫓겨 닿지 않을 만큼만 달아난다. 그러다 이따금씩 힐끗 힐끗 뒤를 돌아보고는 금방이라도 숨이 꼴깍 넘어갈 듯한 어머니를 향해 모를 소리를 내뱉는다.

"아유 무슨, 글쎄 아니래두."

까슬까슬 잎에 긁혀가며 강냉이 밭 김매기에, 종아리에 쥐가 날 듯한 무논 피 뽑기에, 무섭도록 먹어대는 석잠누에 뽕따기에……. 산골마을의 고단한 하루를 마치고 모두가 집으로 돌아갈 저녁 무렵, 만이 누나네 소동은 긴장을 풀고 저녁밥을 기다리는 성황림마을의 고요를 깨뜨린다.

만이 어머니가 어린 딸을 데리고 마을에 들어온 것은 내가 태어나기 전이었다. 당시 성황림마을은 산판으로 북적였다. 버덩말 초입에 빈집을 얻어 주막을 했는데, 외양이 곱살스럽고 그 손매부터가 밭일에 갈라진 촌아낙과 달라 집적대는 산판꾼들로 주막은 늘 북적거렸다.

"아이고! 매이 엄매(만이 엄마) 그 손 한 번만 잡아봅시다."

"매이 엄매! 내 호강시켜줄 테니 우리 집으로 합칩시다."

이런 저런 주객들의 농담도 "아이구! 매이 아부지 오믄 초상날 소리 말어유" 그 말 한마디면 그만이었지만, 그 매끈한 말솜씨와 도회지물 먹은 듯한 외양에 동네 남정네들의 선망은 수그러들 줄을 몰랐다. 수군수군 동네 아낙들은 "매이 아부지는 빨갱이래" "원래 빨갱이는 아니었는데 점령시기에 면 책임자를 해 먹었대" 하며 확인되지 않은 소문들을 옮겨댔지만 어쨌든 주막은 문전성시를 이루었다.

만이 누나가 제법 처녀티가 나면서부터는 떠꺼머리 동네 장정들까지 그 주막에 어정대기 시작했으니 여하튼 두 모녀 외로울세라 사람복은 타고난 모양이었다. 어느 날 성황림에 여름 휴양소를 차린 군인들이 꼬마였던 내게 건빵 한 봉지를 주며 만이 누나에게 편지를 전해달라고 해서 그 누나 방문 앞에 섰다.

"매이 누나!"

이때 잠시 본 만이 누나 방문이 잊히지 않는다. 둥근 문고리 옆에 예쁜 단풍잎 세 장을 넣고 창호지를 덧붙인 뒤 그 위엔 투명한 유리조각을 넣고 안에서 들칠 수 있도록 종이덮개를 단 앙증스런 모양이었다. 문 안쪽에서 기척이 있는 듯싶더니 문이 열렸다.

"어, 재집 막내네."

편지를 받아들고는 "풋" 하고 코웃음을 치더니 쭈빗쭈빗 방안을 들여다보는 나를 바라보며 말을 건넨다.

"왜 누나 방 보구 싶니? 그럼 들어와."

얼떨결에 들어선 만이 누나의 방은 길 쪽으로 난 조그만 들창 아래 선반을 달아 아기자기 소품을 올려놓고 윗목에 앉은뱅이책상이 자리한 정갈한 모습이었다. 무엇보다 은은한 분 냄새와 열 일고여덟 처녀의 향기가 어린 내 마음에도 야릇한 느낌을 가져다주었다.

"누나네 아부진 없어?"

"우리 아버진 서울에 계신다"

하면서 누나는 빛바랜 사진 한 장을 보여주었다.

오래돼서 누르스름하게 변색됐지만 양복 차림의 멋진 모습이었다.

"야! 매이 누나 아부지 신식이다."

"……."

언뜻 어깨 뒤로 사진을 응시하는 만이 누나의 호흡이 느껴졌고, 그 향기랄까, 살짝 젖어들던 눈매와 알 수 없는 어색함에 그만 방문을 열고 냅다 뛰었다. 무엇인지는 모르겠으나 처음으로 느껴보는 기분이었다.

"논둑 조심해라!"

살짝 웃음 섞인 만이 누나의 목소리를 등 뒤로하고 신작로와는 반대쪽인 세 마지기 논둑길로 한참 뛰다 꺾어져 만이 누나의 방문이 안 보일 때쯤에서야 발을 멈추고 숨을 골랐다.

그날 이후 나는 이따금 만이 누나의 방문에 수놓인 빨간 단풍잎이 고운 손으로 변하는 꿈을 꾸곤 했다. 그 일이 있은 뒤 얼핏얼핏 마주치는 만이 누나는 더욱 친근한 말투로 나를 대해주었고 그런 만이 누나에게 나는 막연히 동경이랄까 연민 같은 감정을 가지기 시작했던 것 같다.

그런 만이네 모녀가 언제부턴가 어스름 저녁이면 성황림마을의 고요를 깨뜨리는 의문의 쫓고 쫓기기 소동을 반복했다. 매번 부엌에서 저녁밥을 짓다 시작되던 다툼이었던지, 만이 누나를 쫓아 나오는 아주머니의 손엔 꼭 불붙은 부지깽이가 들려 있었다. 그 달리기는 그리 오래가지 않았다. 주막에서 시작해 버덩말 신작로로, 냉면집 공터를 돌아 논둑길로 꺾어져 밤나무집으로. 이렇게 꼭 두 바퀴를 돌고 나면 그만이다.

반복되는 만이 모녀의 그런 저녁 소동을 본 동네 사람들의 이런저런 추측이 이어졌다. 만이가 돈을 훔쳐 몰래 숨어 사는 아버지에게 부쳐주다 들켰기 때문이라고도 하고, 아랫동네 키 큰 홀아비 치과쟁이를 두고 모녀가 연적戀敵이 되어 싸우는 거라고 수근대기도 했다. 숨이 턱에 닿아 쫓겨 들어간 집안에서 만이 누나가 그 부지깽이에 얻어맞았는지 아니면 만이 누나에게 팔뚝을 잡힌 아주머니가 주저앉아 욕설만 퍼부어댔는지는 아무도 몰랐다. 그러나 나는 늘 마음속으로 만이 누나 편이 되어 부지깽이에 고운 얼굴이라도 상할까 봐 마음을 졸였다.

몇 년 뒤 모녀는 마을을 떠났다. 법이 바뀌어서 아버지가 숨어 살지 않아도 되었다던가, 단출한 세간과 보따리를 실은 리어카를 밀며 들뜬 표정으로 멀어져간 만이 누나.

내게 누나의 기억은 빨간 단풍잎 세 장이 붙은 방문으로 선명하다. 그것은 유년시절 이후 다가올 세상에 대한 동경의 상징 같았다. 그 방문은 얼마 지나지 않아 초등학교 정문이 그쪽으로 나면서 빈 집째로 뜯겨버렸지만.

단풍잎. 나무보다는 왠지 잎이라는 말이 더 귀에 감기는 것은 단풍丹楓이 가을 풍광을 주도하는 것이 그 잎의 힘이

단풍나무 함, 높이 6.1cm, 조선후기, 온양민속박물관 소장

기 때문일 것이다. 현재 단풍나무 종류는 열 가지가 넘지만 우리의 산에서 별도의 이름 없이 단풍나무라 불리는 대표종으로 국한해보자면 단풍나무와 당단풍 그리고 섬단풍이 있다. 세 나무의 성상은 잎의 결각 수를 제외하고는 비슷하다. 성황림마을에서 볼 수 있는 것은 잎이 아홉에서 열한 갈래로 갈라진 당단풍이었다. 이 당단풍나무가 설악산의 바위투성이 능선을 비롯해 우리나라의 가을 산을 빨갛게 수놓는 1등 공신이다. 그 이름에 붙은 한자 당唐은 당나라와는 상관이 없어 보이는데, 그 내력은 더 연구가 필요할 듯싶다.

지조와 절개를 중시하던 유교문화에서 상록수나 곧은 대나무를 숭상하다 보니 가을에 변색이 되는 단풍나무는 예로부터 그리 대접받지 못했다. 우리나라의 기록으로는 고려 말 이규보의 『동국이상국집』에 관상용으로 단풍나무를 심었으며 조선 중기 대표적인 정원인 소쇄원이나 다산초당 등의 뜰에 단풍나무를 가꾸었다는 내용 정도를 찾아볼 수 있다.

우리나라의 단풍나무는 그리 크게 자라는 나무가 아니라서 목재로서의 쓰임은 그저 그런 정도였다. 그러나 단단하고 결이 아름다워 무늬목으로 선호되었으며 흔하게는 땔감으로 쓰였다. 학명에 들어 있는 ACER은 라틴어의 '강한'에서 온 말로, 외국에서는 예로부터 차륜재나 배의 키 등에 이용되었다. 목재 외에도 북미 지역의 단풍나무는 캐나다의 국기에 그려진 메이플 잎Maple Leaf이나 메이플 시럽으로 유명하다. 중국에서는 닭의 발톱을 닮았다 하여 계과수鷄瓜樹라고 하며 일본 이름은 개구리의 손을 닮았다 하여 가에데かえで라 하니, 같은 나무에서 느끼는 감흥도 나라

마다 참 다채롭다.

　　만이 누나가 떠나간 후의 어느 가을, 우리 집에서는 색 바랜 창호지를 뜯어내고 문을 새로 발랐다. 주름투성이의 투박한 손으로 문고리 옆에 빨간 달리아 꽃잎을 한 장씩 수놓으시던 아버지께 툭 던졌던 말이 생각나 아득한 웃음이 번진다.

　　"에이~ 아부지! 빨간 단풍잎 세 장을 넣는 게 훨씬 좋던데."

　　황순원의 소나기에서 윤초시댁 제사에 참관하러 가는 아버지께 "그럼 큰 놈으로 하나 가져가지. 저 얼룩수탉으로" 했던 소년의 심정이 이랬을까?

아버지가 만들어주던 겨울피리
물참대

파르르, 문풍지로 새들어온 칼바람이 저녁 내내 등잔불을 위태위태 휘감다가는 어느새 소로록 고요해지는 느낌과 함께 잠들었던 겨울밤.

"되우(되게) 추운 모양이여. 여기 물이 다 얼었네."

윗목 콩나물시루에 받쳐둔 커다란 매함지의 살얼음을 깨는 어머니의 기척에 잠을 깬다. 참았던 오줌을 누려고 툇마루로 나가면 소리 없이 밤새 내린 눈이 온 세상을 하얗게 덮고 있었다. 장독대 뚜껑에 쌓인 눈이 장독 높이만큼 되었고, 밤새 훌쩍 키가 커진 사랑채의 눈 쌓인 지붕 위로 아침 햇살이 들어온다. 햇살을 받아 무지개빛으로 산란하던 황홀한 스펙트럼!

마당을 쓸고 짠지광까지 길을 내신 아버지는 봉당에 걸터앉아 대비신* 끈을 묶고 계셨다.

---

* 그 시절 대부분의 농부들이 신던 '통일화'를 일제의 잔재로 그렇게 불렀다.

"아부지, 토끼옥로* 보러 가유?"

"오야."

"나두 갈래유."

"발 언다. 집에 있거라."

"괜찮어유. 따라갈래유."

환갑이 다 돼서 본 열 살 늦둥이가 보채니 노인 아버지는 마지못해 양말을 겹쳐 신기고 검정 고무신에 새끼줄을 동여매 데리고 나서신다.

산길은 초입에 들어설 무렵만 눈이 허리께쯤 빠지고 소나무 무성한 산속으로 들어서면 그런대로 길의 흔적을 찾아갈 만하다. 뒷산 등성으로 난 길을 따라 우리말림인 피나무골 초입까지 이어진 아버지의 수렵코스를 따라간다. 여기저기 뛰어간 지 그리 오래지 않은 토끼의 발자국이 군데군데 설치해놓은 올무와 어긋나기도 하고 겹치기도 한다. 영악하게 옆으로 피해간 놈에 운 좋게 뛰어넘은 자국도 있었는데 아버지는 그 흔적들을 따라가며 긴장과 실망을 반복하셨다. 그리고는 주변의 솔가지를 꺾어 토끼를 유인하는 통로를 다시 손질하며 지나치신다.

"허— 저기 걸렸다!"

걸려든 놈이 있으면 상기된 목소리로 잡았던 내 손을 놓고 몇 걸음 달음질쳐 가신다. 올가미를 끌러 귀를 모아들고는 무게를 가늠한다.

"허— 그놈 참 실하다. 그놈 참."

* 산토끼가 다니는 길목에 설치한 올무.

꽁꽁 언 잿빛 산토끼를 한 손에 들고 감탄을 연발하며 함박웃음을 지으시던 아버지.

여우바위 뒤의 토끼함정을 마지막으로 확인하고 돌아내려오는 길이면 아버지는 늘

"농부의 산행에 빈손이란 없단다."

하시며 뒤춤에 차고 있던 낫으로 매초롬한 물푸레나무 몇 개를 도끼자루 길이에 맞춰 잘라 쥐어주신다.

그러다 피나무골 초입에서 건너는 계곡 너럭바위에 눈을 쓸고 앉아 잠시 쉬어간다. 온통 눈 세상이 된 마을을 내려다보고 있노라면 아버지는 겨우 물 마실 자리만 빠끔한 웅덩이에 엎디어 물을 마신다. 그리고는 주변의 물참대 중에 속의 구멍이 큰 어린 가지를 몽당연필 크기로 잘라 한쪽을 경사지게 깎은 뒤 너덜너덜 붙어 있는 붉은 껍질을 떨판으로 끼워 피리를 만들어주셨다.

그날은 집에 돌아와서도 하루 종일 그 피리를 불고 다녔다. "방에서 불면 뱀 나온다"는 누나의 핀잔을 들으면서도 아버지가 주머니에 여벌로 넣어준 붉은 물참대껍질의 떨판을 몇 번이고 바꾸어 끼워가며.

물참대는 이름처럼 물 가까운 곳에 주로 분포하며 대나무처럼 속이 비어 있는 범의귓과의 낙엽관목이다. 커 봐야 키를 넘는 정도에 그치며 어린 가지에 너덜너덜 일어나 있는 얇고 붉은 껍질이 눈에 띄는 나무다. 물참대는 말발도리의 일종으로 댕강말발도리 등으로 불리기도 한다. 5월

물참대 피리

에 피우는 산방꽃차례의 흰 꽃은 흡사 산수국을 보는 듯 눈부시게 아름답다. 더러 고광나무 꽃과 혼동하는 경우도 있는데 고광나무 꽃은 긴 꽃대에 총상꽃차례로 피어 전체가 고루 분산된 느낌을 준다면, 물참대 꽃은 송이송이 지어진 모습이다. 꽃잎의 숫자도 물참대는 다섯 장으로 네 장인 고광나무와 차이가 있고 꽃의 크기도 고광나무 꽃에 비해 작다. 잎과 수피에 털이 없이 매끈한 모양새를 한 물참대 꽃은 마치 청바지에 흰 남방차림으로 스크랩북을 품에 낀 새내기 여대생처럼 단아한 느낌이다.

　　꽃이 지고 난 물참대는 팽이 모양의 씨방 가운데 길게 남아 있는 암술대의 흔적이 흡사 촛대를 연상시키는 특이한 모양을 하고 있어 눈길을 끈다.

커봐야 손목 굵기에 못 미치는 관목 형태로 자라니 땔감 외에는 딱히 용도가 없지만 5월의 화사한 꽃으로 흰 꽃의 제전을 조용히 거드는 우리 산의 나무다. 특히 내게 물참대는 버들피리도 풀피리도 만들 수 없는 동토의 산속에서도 피리를 깎아 늦둥이 아들에게 건네던 아버지를 떠올리게 한다.

쌀에 섞인 돌 고르던 조릿대
산죽

'천 냥 잃고 조리 곁기'라는 속담이 있다. 이것저것 하다가 큰 재물을 다 날리고, 품은 많이 드는 데 비해 그 가격은 보잘것없는 조리를 만든다는 말이니 요즘 말로 하면 잘나가던 큰 사업체 부도나고 찬바람 부는 골목 어귀에서 간식행상을 하는 처지쯤에 견줄까?

조리는 도정기술이 열악하던 시절 쌀에 섞인 돌을 골라내는 데 반드시 필요했던 기구다. 조리를 만들 때 쓰이는 재료가 대나무의 일종인 '산죽'이다. 다른 종류의 대나무가 없는 영서 산간 지방에도 해발 높이가 좀 되는 산길 주변에는 이 산죽이 지천으로 자라는데 다른 용도로는 딱히 쓰이는 곳이 없어 아예 조릿대라는 이름으로 불렸다.

초등학교 4학년 올라가던 해 용식이라는 아이가 전학왔다. 화전민으로 그득했던 절골에서도 한 골짜기를 더 올라가야 하는 '두남'이라는 곳에 이사를 와서 두 살 터울의 여동생 상금이와 늘 같이 다녔다. 다른 마을에 살다가 온 데다 덩치도 작아 본동 아이들이 텃세를 부리며 놀리고 괴롭히기 일쑤였지만 용식이는 늘 웃는 얼굴이었다. 어쩌면 웃는 얼굴이라기보다는 괴롭힘을 덜 당하기 위해 누군가와 눈이 마주치면 늘 비굴함이 묻어나는 억지웃음을 지어 보인다는 것이 더 옳았다.

그 웃음으로 안 되는 상황이 닥치면 용식이는 누구에게나 새 새끼를 내려다 주겠다며 위기를 모면했다. 얼마 지나지 않아 반 남자아이들 중에 용식이가 새 새끼를 빚지지 않은 아이가 없을 정도가 되었다. 그러다 보니 학교에 오는 것이 싫어 가끔 동생과 개울가에서 놀다가 집으로 돌아가기도 했는데 곧 들통이 난 모양이었다. 그 뒤로 용식이 아버지는 매일같이 회초리를 들고 두 남매를 학교까지 몰아와서 교문을 들어서는 모습을 보고 나서야 돌아가셨다. 남루한 복장에 야전선과 싸리껍질을 섞어 엮은 약초 주루막을 멘 모습이었다. 가끔 교문 근처에서 선생님과 마주치기라도 하면 "아이구 선상님 우리 애들 좀 잘 부탁드립니다. 어미가 없어 부족한 게 더 많으니 그저 잘 좀 부탁드립니다" 하면서 굽실거리곤 했다.

전에 살던 곳에서 용식이 어머니 병 치다꺼리하느라 빚에 쫓기다가 아내가 죽자마자 야반도주를 해 이 마을에 들어오게 되었다는 얘기도 있었고 용식 아버지의 주사가 심해 엄마가 도망갔다는 소문도 돌았다.

마을로 오던 해에 용식 아버지는 약초도 캐다가 팔고 가만데이(몰래 하는) 숯가마에서 구워내는 숯짐을 져내리는 일도 하며 그런대로 자리를 잡아가는 듯했다. 무엇보다도 아이들 공부만은 힘닿는 데까지 시켜보겠다는 굳은 결심으로 패가망신의 주범이던 술을 끊고 집에 누워 계신 노모까지 공양하는 처지였으니, 평소에는 책임감 있고 다정한 가장임에 틀림 없었다.

그러나 그 결심은 1년을 넘기지 못했다. 그해 겨울 신림 오일장이 서는 날 저녁이면 산병풍으로 둘러싸인 고요한 마을의 적막을 깨뜨리는 진풍경을 볼 수 있었는데 그 전말이 참으로 딱하다.

겨울철 용식이 아버지에게는 이따금 문바위와 허궁다리골의 숯가마에서 굽는 숯을 밤중에 몰래 신림까지 져내리고 품삯을 받는 일이 유일한 생계 수단이었다. 때문에 겨울이면 용식 아버지는 궁여지책으로 두남 계곡에 지천인 조릿대를 잘라다 조리를 엮어 장날마다 신림장에 도매금으로 넘겼다. 산더미만 한 조릿짐의 덩치에 비해 손에 쥐어지는 돈은 몇 푼 되지 않는 모양이었으나 그래도 노모와 아이들을 생각하며 고등어자반 한 손을 사서 빈 지게뿔*에 걸고 집으로 가는 발길을 재촉한다.

일단 용식 아버지는 한잔의 유혹을 잘 참고 장터를 벗어난다. 이어 신작로에 늘어선 인가 옆으로 이따금씩 있는 주막집도 눈을 꾹 감고 순식 간에 지나쳐버린다. 그러나 살을 에는 겨울바람을 맞으며 마지 뜰 벌판을 지나고 나면 따뜻한 국물 한 모금이 간절해졌다. 5리쯤을 잘 참고 올라오 던 용식이 아버지는 끝내 배나무거리의 주막을 지나치지 못하고 잠시 몸 만 녹일 요량으로 들어서서 딱 반 되의 막걸리를 시키게 된다.

오랜만의 취기에 기분이 좋아져 흥얼흥얼 지게작대기 장단걸음으로

* 지게 맨 윗부분에 솟은 뿔 모양의 돌출 부위.

아랫성남까지 올라온 용식이 아버지는 그만 빨려들 듯 방앗간 어귀에 있는 '붙들네' 과수댁의 탁주집으로 들어서니, 여기에서 권커니 받거니 막걸리 몇 사발을 더 마시고 나면 딴사람이 되어버린다.

용식이 아버지는 술에 취하기만 하면 누군가를 향해 끊임없는 분노를 토해내야 했다. 아랫마을에서 이미 취해버린 용식 아버지는 당숲을 지나 본동마을에 들어서며 그 특유의 주정을 시작한다.

"내가 신달필이다 이눔아!"

처음에는 무슨 고함처럼 들리다가 점점 가까워지는 그 주정 소리는 겨울의 앙상한 골짜기 바위벽에 반사되어 되돌아나오는 맨 마지막 메아리가 끝날 때쯤 다음의 일성이 들어가는, 절묘한 리듬을 싣고 있었다.

"그래! 나 신달필이여, 이눔아!"

"……."

짧은 음절이 보태지기도 생략되기도 했지만 늘 자신의 이름 석 자에서 목청을 한껏 돋우곤 했다. 점점 가까워지던 주정 소리는 동네 중간참에 있는 만이 누나네 주막집에 이르러 잠시 잠잠해진다. 술 달라 하는 소리에 주막집 만이 엄마가 정색을 하며

"아! 취했어. 어여 올라가! 애들이 기다리잖어!"

하고 등을 떠밀지만 용식 아버지 또한 막무가내다.

"없는 눔은 사람두 아니여? 술을 달란 말이여!"

하며 만만치 않은 공방을 벌이지만 여기저기 산판에서 주모로 굴러먹은 만이 엄마 고집 또한 난공불락이라 결국 술을 더 못 마시고 주막집

을 나서면 거기서부터 절골 초입까지 또 열 걸음이 멀다 하고 돌아서서 지게작대기 삿대질을 해가며 주정이다.

"나뻐 이눔아 나뻐!"

"……."

"나뻐 이눔아 나뻐!"

두남의 집까지 올라간 용식 아버지는 미련을 버리지 못하고 상금이에게 주전자를 들려 주막집까지 내려 보내지만 만이 엄마가, 더구나 외상 술을 줄 리 만무하다. 주막에서 쫓겨나온 상금이가 빈 주전자를 끼고 어두컴컴한 절골 개울의 너럭바위에 앉아 울고 있으면 용식이가 내려와 팔을 껴들고 올라갔다.

내린 눈이 계속 덧쌓여 맨 땅을 볼 수 없었던 그해 겨울, 장날 저녁이면 어김없이 본동 어귀에서부터 "나 신달필이여!"로 가까워지다가 "나뻐 이눔아!"로 멀어져가던 용식 아버지의 주정을 들을 수 있었다. 동네에서 열린 대동회의에서는 '당장 쫓아내자'는 의견과 '노모와 아이들을 데리고 이 겨울에 어디로 가느냐'며 만류하는 의견이 분분했고 그 와중에도 장날 아침이면 어김없이 산더미만 한 조릿짐을 꾸려 지고 가는 용식 아버지의 모습을 볼 수 있었다.

그 겨울이 지나고 새학년이 되자 용식 아버지의 장날 조릿짐도 용식이 남매도 더 이상 보이지 않았다. 할머니가 돌아가셔서 집 옆에 묻은 뒤 올 때처럼 솥단지만 지고 밤중에 거무내고개를 넘어갔다는 얘기와, 제천장에서 소 장사를 하는 친척집으로 갔다는 얘기가 떠돌 뿐이었다.

이로부터 40여 년이 지난 작년 여름, 텃밭농사를 지으러 다니다가 문득 용식이 생각이 떠올랐다. 예전에 새 새끼 빚을 받으러 한 번 올라가 본 기억을 더듬어 두남의 집터를 찾아보았다. 절골에서 두남으로 건너가는 개울 어귀의 고목 돌배나무는 여전히 그때처럼 실한 과실을 맺고 있었고 때까치 새끼를 내리던 화전 어귀의 가래나무도 여전하건만, 집 있던 자리엔 돌담만이 어렴풋이 집터의 흔적을 말해줄 뿐 얼기설기 쌓아올린 참나무 사이사이에 진흙을 메웠던 귀틀집도 개옻나무와 싸릿대를 엮어 둘렀던 뒷간도 흔적조차 없다.

　　무상감에 젖어 도로 내려오다가 산길에 떨어진 돌배 중에 잘 익은 놈 몇 개를 주워 동행한 순이에게 건넸다.

　　"이게 나 어릴 적 화전민들이 주워 먹던 돌배야."

　　한 입 베어 먹던 순이는 인상을 찌푸린다.

　　"아유, 시어서 못 먹겠다!"

　　겨울밤의 주정 소리로 남아 있는 아득한 어린 시절의 기억을 떠올리다 보니 생떼 같은 반려를 잃고 빚에 쫓겨 어린 남매와 병든 노모를 거두어 야반도주로 산간마을에 들어왔던 용식이 아버지를 다시 생각하게 된다. 입에 풀칠은 해야겠기에 손가락 끝이 해어지도록 조리를 엮으며 되새겼을 가슴속의 울분을 술기운으로 토해내던 그 마음을, 지금 나이가 되어서야 조금 이해할 수 있을 듯하다.

　　산죽은 벼목 화본과에 속하며 풀에 끼우자니 나무의 성상에, 나무

조릿대

에 끼우자니 풀의 특성에 가까운, 대나무속 중에서 가장 작은 여러해살이 상록식물이다. 사전이나 도감류에는 한결같이 중부 지방의 산중턱 이하 에 잘 자란다고 되어 있지만 성황림마을의 주산인 치악산자락에는 중부 능선쯤에서 보이기 시작해서 고봉능선으로 갈수록 길옆에 무성하다. 어 린 시절에는 부모님을 따라 해발 1100미터쯤에 있는 상원사에 올라가면 줄기가 곧고 긴 놈이 많아 기념으로 꺾어들고 내려오던 증표이기도 했다. 한편 정월 내내 날리던 방패연을 만들 때 싸리나무 살이 무겁다 싶으면 산죽을 반으로 쪼개 연살로 쓰기도 했다.

산죽은 땅속줄기로 번식하다가 무언가 여의치 않으면 군락지의 개체가 일제히 꽃을 피우고 보리알 같은 열매를 맺는데 열매를 맺은 후에는 에너지 고갈로 죽어버린다. 짧게는 몇 년에서 길게는 백 년 이상의 주기를 갖기도 한다는 불규칙한 대나무속屬의 성쇠에 대해서는 아직 그 이치가 명확하게 밝혀지지 않은 모양이다. 전설 속의 봉황이 먹는 유일한 열매라거나 극심한 기근이 들었던 동학농민운동 때 일제히 열려 천운으로 동학군이 아사를 면했다는 죽실竹實에 관한 이야기가 전해 내려오는 것도 언제 꽃피고 열릴지 모르는 섭생 때문인 듯하다.

도정기술이 발달해 쌀에 섞인 돌을 고를 필요가 없어진 1970년대 이후 조리는 복조리라는 민예품으로 그나마 명맥을 유지하다가 차츰 사라져갔다. 최근 들어서는 차나 분말 등 다양한 형태의 건강식품으로 개발되기도 했다. 상업적으로 강조하는 그 효능에 대해서는 잘 모르겠으나 사철 푸른 잎을 덖어 우려낸 차를 한 모금 머금고 눈을 감으면 이남박 속에 능숙하게 조리를 일렁이시던 어머님의 손놀림이 생생하게 눈에 잡힐 듯한, 추억의 잎차다.

청군 백군 칠하던 연필꽃
붓꽃

아이리스는 봄에 창포 모양의 꽃을 피우는 백합목 붓꽃과의 여러해살이
초본으로 서양에서 무지개의 여신을 뜻하는 이름이다. 우리나라에서는
꽃이 피기 전의 뾰족한 모양이 붓을 닮았다고 해서 붓꽃이라 부른다. 다
른 종류로는 꽃이 조금 작은 각시붓꽃이나 꽃 색이 연한 타래붓꽃이 있는
데, 전부 파란 계통의 자주색을 띠는 것이 일반적이다. 그러나 서구종이
나 원예종에는 다양한 색깔이 있다.

주로 미뚱(무덤)가에 피던 이 꽃을 성황림마을의 아이들은 연필꽃이
라 불렀다. 피기 전에 뾰족하게 뭉쳐 있는 꽃 몽우리를 돌이나 판자에 문
지르면 진한 파랑색이 묻어났다. 이것을 보고 필기구 같다 하여 아이들이
즉흥적으로 만들어 붙인 이름인 듯하다. 실제로 이 꽃이 필 무렵이면 냉
면집 공터 쪽 하얀 회벽이 연필꽃 낙서로 남아나질 않았다. 밤이 지나고
나면 누군가의 새로운 낙서가 쓰이기 예사였다.

이 꽃에 대한 추억 속에는 초등학교 시절의 만국기 드리워진 운동장

이 있다. 전쟁 후의 베이비붐과 화전민의 대거 유입이 겹쳐 당시 성황림 마을 초등학교는 분교로 개교한 지 5년 만에 전교생이 거의 삼백 명에 이르렀다. 한 집에 거의 두세 명은 학교 다니는 자녀가 있었으니, 학교 소풍 날이나 운동회가 곧 마을의 잔칫날이기도 했다.

가을의 대운동회보다는 규모가 작지만 봄철에도 운동회를 했다. 매스게임, 기계체조, 기마전과 줄다리기를 거쳐 대망의 이어달리기가 마지막을 장식했다. 작은 산마을이 떠나갈 듯한 함성 속에 운동회가 끝난 뒤에도 며칠 동안 화약총과 풍선 달린 삑삑이 소리가 온 마을에 요란했다.

운동회 전날, 총연습 직전에 아이들의 흰 러닝셔츠에 청군 백군이 쓰인 스탬프를 찍어준다. 가슴팍에 무언가 글씨가 쓰여 있다는 사실이 소속감을 주었기 때문일까? 감자나 무에다 등사잉크를 묻혀 찍어낸 그 글씨는 옷을 빨면 거의 지워지다시피 했는데 그게 아까워서 운동회가 끝나고 며칠이 지난 뒤에도 그 희미한 윤곽을 따라 연필꽃을 문질러 덧칠했던 기억이 새롭다.

중학교에 다닐 무렵에는 이 꽃을 만년필꽃이라고 불렀다. 고무튜브를 주물러 잉크를 넣어 쓰던 조악한 품질의 빠이롯드만년필 덕분에 당시 중학생들은 여기저기 푸르뎅뎅한 잉크를 묻히고 다녔다. 손가락 끝과 가방 한 귀퉁이, 그리고 멋 부린다고 만년필을 꽂고 다니던 흰 하복의 상의 윗주머니는 늘 붓꽃 색으로 물들어 있던 시절이다.

아이리스는 천재화가 빈센트 반 고흐가 비극의 생을 마감하기 2년 전쯤 입원했던 정신병동의 화단에 피어 있던 것을 보고 한동안 몰두해 그리던 꽃이다. 고대 그리스나 로마에서는 향수로 사용되기도 했고 중세 유럽에서는 이 종種의 뿌리로 목걸이를 만들면 병을 좇는 효과가 있다고 믿었다. 한편 프랑스 왕가의 문장이었던 플뢰르 드 리fleur de lys의 원형이 된 것도 아이리스 꽃의 모양이다.

흰색, 연분홍, 노랑 일색인 봄꽃들의 제전 말미에 피는 붓꽃은 강렬한 색감으로 동심을 잡아끌었다. 하늘빛보다 더 파란 세 장의 남빛 꽃받침 안쪽으로 희고 노란 기하학의 메시지를 수놓은 미뚱지의 연필꽃. 아니, 까까머리의 만년필꽃!

망국의 한恨
아주까리

아주까리 동백아 열지를 마라, 누구를 꾀자고 머리에 기름

아리아리 스리스리 아라리요 아리아리 고개로 넘어간다.

열라는 콩팥은 왜 아니 열고, 아주까리 동백은 왜 여는가.

아리아리 스리스리 아라리요 아리아리 고개로 넘어간다.

아주까리 정자는 구경자리 살구나무 정자로만 만나보세

아리아리……

    강원도아리랑에 반복 등장하는 아주까리는 생강나무 열매를 이르는 동백과 짝지어 언급된다. 이로 미루어 보건대 이 지역 민초의 생활에서 아주까리는 보통 치장용 머릿기름으로 널리 쓰였던 듯하다.

    아주까리는 북아프리카와 인도 등지가 원산인 대극과의 식물로 열대 지방에서는 여러해살이 목본으로 자라지만 온대 지방에서는 한해살이 초본의 형태를 띤다. 아주까리 씨앗은 이라크에서는 6~7천 년 전, 이

집트에서는 4천 년 전의 고대 유적에서까지 발견된다. 원산지에서의 아주까리 재배 역사는 아주 오래되었음을 알 수 있다.

우리나라에 아주까리가 들어온 시기는 분명치 않으나 조선 초기에 지어진 『향약집성방』에 약용으로서의 쓰임이 기록되어 있다. 중국의 본초서 등에는 당대唐代 이후 기록에부터 등장하는 것으로 보아 7세기 이후 중국에 유입되었다가 차차 우리나라로 전래된 것으로 보인다.

꽃바구니 옆에 끼고 나물 캐는 아가씨야
아주까리 동백꽃이 제아무리 고와도
동네방네 생각나는 내 사랑만 하오리까.

민요 「아리랑목동」에도 아주까리 꽃을 노래한 구절이 있다. 이른 봄에 피는 동백꽃과 한여름이나 되어야 피는 아주까리 꽃이 나물 캐는 봄처녀와 같이 등장하는 것을 보면 '아주까리 동백꽃이 곱다'는 노랫말은 그 기름을 발라 단장한 처녀를 가리키는 듯하다.

아주까리의 꽃은 한꺼번에 피지 않는다. 먼저 핀 꽃이 열매를 맺으면 순차적으로 다음 꽃이 피어나는 식이다. 때문에 무더기 꽃으로서 눈길을 끌지는 못하지만, 노오란 수꽃과 붉은 암꽃의 색과 모양이 독특한 대비를 이룬다. 그다음에 눈에 들어오는 것이 붉은 듯 푸른 듯 조화로운 색을 띤 굵은 줄기 그리고 펼친 손바닥을 닮은 커다란 잎이다. 원산지 인도에서는 피마잠蓖麻蠶이라 하여 이 잎에 누에를 키우는데 그 고치에서 얻은

섬유는 최고급 의류와 양탄자를 만드는 데 사용되고 있다. 우리나라에서는 연한 잎을 데친 후 말려 묵나물로 먹으며 지금도 농협 등을 통해 나물로서의 종자 보급과 수매가 이루어지고 있다.

아주까리의 가장 주요한 용도는 뭐니뭐니해도 기름이다. 타원형의 콩알 크기에 검은 반점이 있는 열매에서 얻는 아주까리기름은 넓은 쓰임새를 자랑한다. 이 기름은 열매 절반가량을 채우고 있는데 상온에서 굳지 않고 비등점이 높으며 알코올에만 용해되는 특이한 성질을 가지고 있어 약용은 물론이고 윤활유나 도료 등 공업용기름으로까지 쓰인다. 복용하면 설사를 일으키므로 관장제나 완화제 역할을 하고, 종기나 염증에도 효과가 있어 변변한 약이 없던 시절에는 가정상비약이라 할 정도의 필수품이었다.

동백기름과 함께 오랜 세월 여인네 머리에 바르는 치장 용도로 쓰인 아주까리기름의 활약은 여기서 그치지 않는다. 석유가 전국적으로 보급되기 전까지 아주까리기름은 오랜 세월 이 땅의 밤을 밝혀온 주역이기도 했다. 1941년에 발표되어 사람들의 심금을 울린 대중가요 최병호의 「아주까리등불」은 돈 벌러 서울 간 엄마를 그리다 지쳐 잠든 아이의 방에 깜빡거리는 등불을 노래했다. 한편 박영효의 「번지 없는 주막」에서도 아주까리 초롱불 아래 이별주를 따르는 연인들의 애절함이 그려진다.

아주까리 선창 위에 해가 저물면
천리타향 부두마다 등불이 피면

칠석날 찾아가는 젊은 뱃사공

어서가자 내 고향 어서가자 내 고향 아주까리 섬

(대사 여): 사공님, 오시마는 날짜가 오늘이 아닙니까

(대사 남): 아주까리 선창에 칠석달이 둥그렇게 올랐소 열두 척 나

룻배에 꽃초롱을 달고 오시마는 날짜가 정녕 오늘입니다

(대사 여): 동해바다에 섬도 많고 꽃도 많지만 이 아주까리 선창으

로 어서 오세요. 네?

뱃머리에 흔들리는 피마주초롱

동백기름 비린내가 고향을 안다

열두 척 나룻배에 방어를 싣고

어서 가자 내 고향 어서 가자 내 고향 아주까리 섬

— 박영효, 「아주까리선창」

이 노래 역시 '처녀림'이란 필명을 쓰던 박영효의 작품으로 1943년
발표되었다. 2차 세계대전이 한창이던 시대적 배경을 염두에 두고 행간
을 유추해보면 고기잡이 노역에 동원된 식민지 젊은이의 처지를 읽을 수
있다. 기약한 시일이 지났음에도 돌아가지 못하는 고향에 대한 절절한 그
리움을 선창에 걸린 아주까리 초롱에 담아내고 있다.

이 시기 일제는 항공기 윤활유 등에 필수적이었던 이 기름의 증산을
위해 식민지였던 우리나라 전국 곳곳에 아주까리 파종과 생산을 확대했

다. 전쟁 전후로 아주까리가 민중의 생활과 부쩍 밀접해진 것은 이 때문이다. 1933년에 태어나 태평양전쟁이 한창이던 시기에 초등학교를 다닌 고은 시인의 자전소설 『나의 산하山河 나의 삶』에 나오는 다음 구절에서 당시 아주까리가 어떤 존재였는지를 짐작할 수 있다.

초등학교 3학년 내내 거의 수업을 할 수 없었다. 전나무 열매를 따야 했고 아주까리 열매를 따야 했다. 그것이 미영귀축米英鬼畜을 격멸하는 비행기 기름으로 쓰인다 했다.

아주까리는 한자어로 비마蓖麻라 쓰며 그 씨앗을 피마자蓖麻子라고 한다. 어떤 연유로 비蓖가 '피'로 세간에 굳어졌는지 모르지만 조선시대의 『구급간이방』『훈몽자회』 등에 일관되게 피마자라 표기되어 있다.

경음이 섞인 네 음절 우리말인 '아주까리' 역시 식물이름으로서는 독특하다. 어원사전에 따르면 '아차질가이阿次叱加伊' → '아?가리' → '아족가리' → '아주까리'로 변화한 것으로 되어 있으나 타당성은 부족해 보인다. 자칭 '민초어원학자'로서 어찌 그냥 넘어가랴.

소아시아 원산의 '아주亞州꽈리'?

잎이 넓으니 담장 밖에 둘러 심어 '아주 가리다'?

기름을 짤 때 벗겨도 그만 안 벗겨도 그만인 어정쩡한 속껍질을 아주 까? 말어?

이런저런 상황도 그려보고 비슷한 이름인 '박주가리'나 '가시꽈리' 등과의 연관성도 나름 비교를 해보지만 딱히 이거다 싶은 결과를 얻지 못해 씁쓰레한 웃음으로 물러앉는다.

어릴 적 누이가 손톱에 봉선화 꽃물을 들일 때면 짓이긴 빨간 꽃잎 반죽을 꼭꼭 싸매던 잎이 아주까리 잎이었다. 새알 모양의 아주까리 껍질을 눈두덩에 찍어 붙이곤 깔깔대며 놀기도 했고, 속 빈 아주까리 대궁을 잘라 물총을 만들었다가 된통 혼나는 일도 있었다. 그밖에도 털 달린 열매가 진드기 같다며 무서워하는 여자애들을 놀려먹는 등, 아주까리는 여기저기서 우리와 친숙하게 어울렸다.

젖이 나오지 않아서 있는 애도 굶고 있는 상황에 또 아이가 들어섰을 때, 열일곱 내 어머니는 애를 유산시키려고 며칠 동안 간장을 종지째 들이키셨다고 한다. 그래도 소용이 없자 절박한 심정이 되어 비방秘方으로 손에 쥐었던 것이 아주까리기름이었다.

"잎을 따내면 다른 잎이 금세 크니 이눔이 화수분이지!"

돌투성이인 계단밭 몇 뙈기로 올망졸망 8남매를 키운 절골 아저씨 말씀이다. 이 '화수분' 덕택으로 8남매 중 뒤의 놈들은 그나마 제가 하겠다는 공부까지 뒷바라지할 수 있었다며 자랑스러워 하셨다. 그 집 마당의 가마솥에는 여름부터 서리가 오는 늦가을까지 연신 아주까리 나물이 삶아졌다.

고은 시인이 남의 나라 전쟁을 위해 고사리손으로 아주까리를 따던 나이에 나는 새로 부임한 여선생님을 넘어뜨리기 위해 마룻바닥에 아주

한골의 아주까리 경작지

까리기름을 문질러대는 장난을 쳤다. 요즘의 이 또래 아이들은 어떨까. 변비나 피부미용에 좋은 약품, 아니면 포경수술을 의미하는 은어 정도로 알고 있을까?

"참이야! 아주까리라고 들어봤니?"

"아주까리? 그게 뭔데?"

많은 역사의 흔적을 간직한 아주까리지만 요즘의 아이들에게는 이름조차 생소한 풀포기일 뿐이다. 생필품들은 공장이라는 생산시설에서 당연히 만들어져 나오는 것으로 알고 있을 테니 무리도 아니다.

아주亞州의 패권을 꿈꾸다가 미국으로부터 원자탄 세례를 받은 일본은 '도쿄까지 까리?' 하는 미국의 최후통첩에 무조건 항복을 선언했다. 이 역사 속에서 아주까리는 일본 제국주의와 그 치하에서 신음하던 망국민의 설움을 일깨워주는 식물이다. 피해 당사자와 그 자손들에게는 아직 끝나지 않은 고통과 함께.

얼굴에 참깨 들깨 쏟아져
주근깨 자욱했는데
그래도 눈썹 좋고 눈동자 좋아
산들바람 일었는데
물에 떨어진 그림자 하구선
천하일색이었는데
일제 말기 아주까리 열매 따다 바치다가

머리에 히노마루 띠 매고

정신대 되어 떠났다

비행기 꼬랑지 만드는 공장에 돈벌러 간다고

미제부락 애국부인단 여편네가 데려갔다

일장기 날리며 갔다

만순이네 집에는

허허 면장이 보낸 청주 한 병과

쌀 배급표 한 장이 왔다

허허 이 무슨 팔자 고치는 판인가

그러나 해방되어 다 돌아와도

만순이 하나 소식 없다

백도라지꽃 피는데

쓰르라미 우는데

— 고은, 「만순이」

민족의 흥, 빙빙 돌아
도라지

도라지 도라지 도라지 심심산천의 도라지

한두 뿌리만 캐어도 대바구니가 스리살살 다 넘는다.

도라지 도라지 도라지 은율殷栗 금산포金山浦 백도라지

한 뿌리 두 뿌리 받으니 산골에 도라지 풍년일세

도라지 캐러 간다고 요 핑계 저 핑계 하드니

총각 낭군 무덤에 삼오제 지내러 간다네

도라지 도라지 도라지 강원도 금강산에 백도라지

도라지 캐는 아가씨들 손맵시도 멋들어졌네

에헤요 에헤요 에헤라 얼럴러 난다 지화자 좋다 네가 내 간장을 스리살살 다 녹인다

에헤요 에헤요 에헤애야 어여라 난다 지화자 좋다 저기 저 산 밑에 도라지가 한들한들

우리 민족을 대표하는 전래민요 두 곡을 고르라면 「아리랑」 다음으로는 대부분 「도라지타령」을 꼽을 것이다. 역사의 소용돌이 속에서 부득이하게 고향을 떠나 타관 땅에 새 둥지를 틀었던 우리 민족의 이주 역사를 더듬어보아도 화석처럼 남은 「도라지타령」의 흔적을 찾아볼 수 있다.

애절하고 다소 어두운 느낌이 드는 아리랑과 달리 도라지타령의 리듬과 가사에는 산천초목과 남녀상열지사가 어우러지는 즐김의 미학이 묻어난다. 상황에 따라 '한恨'과 '흥興'의 완급을 조절해 부르면서 분위기를 맞추었을 조상들의 지혜에 또 한 번 감탄을 해본다.

도라지가 어쩌다가 민초들의 흥을 표현하는 대표곡의 소재로 쓰였을까? 초롱꽃과의 다년초인 도라지는 야산에서 심산유곡까지 어디에서나 자란다. 자르면 흰 진액이 나오는 줄기는 1미터 남짓 자라며, 한여름 무더위 속에서 오각형의 풍선처럼 부풀다가 잎이 다섯 갈래로 갈라진 보랏빛 통꽃을 피워낸다.

도라지꽃은 꼿꼿하게 선 줄기 끝에 한 송이씩 고개를 옆으로 돌려 피어난다. 이런 도라지꽃의 모습은 문학 속에서 구도자의 청빈한 삶을 상징하기도 하고, 바람의 방향에 따라 이리저리 고개를 돌리며 나부끼므로 자유분방함의 표상이 되기도 한다. 정선아라리의 노랫말 속에서 도라지꽃은 아예 뱅글뱅글 돌고 있다.

뒷동산에 도라지꽃은 바람에 뱅뱅 돌고요
총각색시 이별하면 눈물이 뱅뱅 둡니다.

어쩌면 도라지라는 이름도 바람에 따라 고개를 돌리는 꽃의 모습에서 나왔는지도 모를 일이다.

식품으로서의 도라지는 주로 뿌리의 껍질을 벗겨 물에 담가 아린 맛을 우려낸 뒤 나물로 무쳐 먹는다. 도라지나물은 제사상에 빠뜨려서는 안 되는 중요한 음식이기도 하다. 데치거나 구워서 산적, 구이, 지지미(부침개) 등으로 먹기도 하고 조선 세종 때 가뭄과 기근에 대비한 특급 야식 대책을 기록한『구황활요』에는 도라지로 장을 담는 방법이 소개되어 있다. 『증보산림경제』에는 도라지를 이용하여 정과를 만드는 방법이 기록되어 있으며 궁중음식을 기록한『진연의궤』에서는 '화양적'을 비롯한 각종 '적' 요리의 재료로 도라지를 쓰고 있음을 볼 수 있다.

도라지 말린 뿌리는 길경桔梗이라 하여 한방에서 중요 약재로 쓴다. 약재로서의 넓은 쓰임새를 빼고 도라지를 말할 수 없는데, 동양 모든 본초서의 기원이라 할 수 있는『신농본초경神農本草經』에서부터 언급되는 길경의 역사는 약의 역사와 그 뿌리를 같이한다. 주로 기관지와 폐질환을 다스리며 염증과 혈액순환에까지 다양한 효능이 있어『동의보감』에는 도라지가 들어가는 처방이 무려 280가지나 등장한다고 한다.

굿은비 내리는 밤
그야말로 옛날식 다방에서
도라지위스키 한 잔에다
짙은 색소폰 소리 들어보렴

비 내리는 날 들으면 가슴을 적셔오는 최백호의 히트곡 「낭만에 대하여」. 가사에 등장하는 도라지위스키는 이름과 달리 도라지가 원료인 것은 아니다. 주정酒精에 색소와 향료를 섞은 조악한 술로서 처음의 이름은 '도리스 위스키'였는데 같은 이름으로 팔리던 일본 위스키와의 분쟁을 피해 상품명을 바꾼 것이다. 발음이 비슷하면서도 약효가 있을 것 같은 이미지를 노렸던 모양인데, 어쨌든 이 일화가 우리나라에서 지적재산권이 충돌한 거의 최초의 흔적이 아닐까 싶다.

도라지 도라지 도라지 요 몹쓸 년의 도라지
하도 날 데가 없어 양 바위틈에 났느냐
도라지 캐러 간다고 핑계 핑계 대더니
이웃집 선머슴아 끌고 덤불 속에 왜 드냐
쌍무덤 넘어서 도라지 캐러 간다더니
어떤 놈 만나서 돌베개만 베었네

농촌사회 청춘들의 상열지사를 해학적으로 그린 위 가사에서 도라지는 일탈의 핑계거리로 등장한다. 지방마다 조금씩 다른 도라지타령의 구전가사가 민초의 일상과 밀착될수록 점점 더 '속요'의 성격을 띠어가는 것도 재미있는 특징이다. 구전가사들을 뜯어볼수록 우리 조상들의 위트에 연신 감탄하게 된다.

나 어릴 적 성황림마을에도 집집마다 텃밭 한 귀퉁이에 도라지를 심었다. 꽃이 필 무렵이면 풍선 같은 그 꽃 몽우리를 터뜨리는 것이 아이들 사이에서는 쏠쏠한 재미였다. '폭' '뽁' 하는 소리와 함께 손가락 끝에 전해지는 느낌이 좋았다. 친구들끼리 몰려다니며 오는 길 가는 길에 손 닿는 꽃은 모두 터뜨려대니, 그 때마다 어른들에게 들켜 야단을 맞으면서도 놀이를 그칠 줄 몰랐다. 그러다 도라지꽃이 지면 '딱' 소리가 한결 더 상쾌한 황기 열매를 터뜨리고 다녔다.

재배하는 도라지는 딱딱한 속심이 생기기 전인 3년차쯤에서 캐는데 그 방법이 독특하다. 도라지는 곧고 긴 뿌리를 땅속 깊이 내리박기 때문에 다른 작물처럼 호미나 괭이로 캐다가는 온 밭을 뒤집어 파헤치며 헛힘을 쓰게 된다. 때문에 조금 다른 방법이 고안되었는데, 바로 쇠꼬챙이를 이용하는 것이다. 도라지 뿌리 사이에 쇠꼬챙이를 깊숙이 찔러넣고 사방으로 흔들어 뿌리 주변 흙의 밀착력을 떨어뜨린 뒤 줄기를 잡아당기면, 신기할 정도로 쑥쑥 뽑혀 나온다. 이때 사용하는 쇠막대를 '도라지꼬챙이'라 했는데 모양은 단순하지만 유용하다 보니 이웃들에게 수요가 있는 도구였다. 마당 한구석에 간이 대장간을 차려놓고 농기구를 만들거나 수리해 쓰시던 아버지께서 이웃에게 인심으로 이 도라지꼬챙이를 만들어 주곤 하셨다.

중학생 때쯤 되었을까? 언젠가 치갈이밭 옥수수 파종에 따라갔다가 도라지꼬챙이를 이용해 옥수수를 심었는데, 내가 심은 자리에만 싹이 나질 않았다. 너무 깊이 심은 것이다. 아버지는 야단을 치는 대신 옥수수 씨

앗이 담긴 종다래끼를 다시 둘러차고 땜빵*에 나서셨다. 아버지의 걷어
붙인 중우 아래로 드러난 앙상한 다리를 보는 것이 야단을 맞는 것보다
더 아팠던 기억이 있다.

　물푸레나무 손잡이가 단단히 박힌 아버지의 도라지꼬챙이는 아버지
와는 한 세기나 터울이 있는 막내손녀 참이가 해마다 주말농사에서 옥수
수 파종을 하는 데 쓰고 있다.

---

*　빈자리에 다시 심음.

할머니의 소망꽃
할미꽃

깊은 산의 할미꽃 꼬부라진 할미꽃
젊어서도 할미꽃 늙어서도 할미꽃

하하하하 우습다 졸고 있는 할미꽃
아지랑이 속에서 무슨 꿈을 꾸실까

깊은 산의 할미꽃 꼬부라진 할미꽃
젊어서도 할미꽃 늙어서도 할미꽃

「반달」의 작곡가 윤극영이 박목월의 시에 곡을 붙인 동요 「할미꽃」
이다.

할미꽃처럼 정감과 쓸쓸함을 동시에 주는 꽃이 있을까? 이름에서부
터 삶의 애환이 물씬 묻어나는 낮춤말인 '할미'가 붙은 꽃답게, 구부정한

모습으로 주로 무덤가에 듬성듬성 피어 있는 모습은 엎드려 귀라도 기울이면 마치 기다렸다는 듯, "내 얘기 좀 들어 볼라우?" 하는 노파의 목소리가 들려올 듯하다.

　　노고초老姑草나 백두옹白頭翁 등의 한자이름이나, 오기나구사翁草라 불리는 이웃나라의 이름은 꽃이 지고 난 후 열매에 빙 둘러 나는 털 모양에 주목하여 이 식물을 백발이 성성한 노인의 머리에 비유했다. 유독 우리의 조상들만이 꽃을 살려 이 식물의 이름을 지었으니, 한눈에 두드러지는 열매의 흰 털보다 살포시 고개를 숙였지만 지나칠 수 없는 꽃의 아름다움을 읽어낸 것이리라.

할미꽃은 볼수록 아름다운 꽃이다. 뇌쇄적인 보랏빛에 다소곳이 종 모양으로 겹쳐진 꽃잎과 그 속에 대비되는 노란 꽃술 그리고 있는 듯 없는 듯 꽃을 받쳐주는 가는 잎이 여백미를 더한다. 그리고 꽃에서 잎과 줄기에 이르기까지 품위를 더해주는 보송보송한 흰 털과 살포시 고개를 숙인 은근한 관능미까지.

할미꽃은 꽃의 여왕인 장미와 튤립의 화사함을 한 번 절제한 듯한 모습이다. 때문에 지나가듯 힐끗 보아서는 내면의 이야기가 조목조목 담긴 할미꽃의 진면목을 보기가 쉽지 않을 터이다. 스스로 낮추어 부르는 할미라는 호칭에는 가부장적 농경사회 속에서 가난한집 여식으로, 구박받는 며느리로, 뒷방 늙은이로 살아온 한恨이 녹아 있다. 죽어서나마 잠시 꽃다웠던 시절의 '새악시'로 환생하고 싶었던 바람으로 피어난 이 땅 할머니들의 '소망꽃'이라 저리 아름다운 것일까?

성황림마을의 초등학교 시절 숙제를 안 해 오거나 쉬는 시간에 떠든 녀석, 삐라의 할당량을 채우지 못했거나(당시 불온한 삐라를 주워야 하는 할당량이 있었다) 애향단 활동에 불참한 녀석들을 기록해두었다가 날을 잡아 변소 대청소를 실시했다.

거친 시멘트로 마감된 공동화장실 소변 칸 벽을 천신만고 끝에 배꼽 높이까지 기어오른 구더기는 곧 꾸러기들의 장난스런 오줌발에 다시 아래로 떨어진다. 그러다 보니 공중화장실 벽은 거의 어깨높이까지 오줌 때로 찌들어 있었는데, 바로 이 공중화장실을 청소하는 것이었다. 이름이 적힌 아이들은 벽에 물을 붓고 싸리 빗자루로 문질러 찌든 때를 벗겨낸다. 대변 칸과 여자화장실도 마찬가지다. 뻥 뚫린 아래쪽의 커다란 푸세식 똥통 벽을 기어오르는 구더기를 빗자루와 물로 우선 떨어뜨린다.

그런 뒤에 구더기 구제驅除를 위해 사용하던 것이 할미꽃 뿌리였다. 미뚱지 주변에 흔하던 할미꽃 뿌리를 캐다가 돌로 찧어 여기 저기 던져넣으면 이튿날엔 죽은 구더기들이 하얗게 뜨곤 했다. 얼마 지나지 않아 살아남은 모진 놈들이 또 벽을 오르기 시작했지만.

할미꽃은 예로부터 민간에서 학질과 신경통에 사용해왔고 『본초강목』을 비롯한 여러 본초서에 구충제나 복통, 두통, 부종, 이질 심장병, 위염 등에 쓰이는 약재로 기록되어 있으며 특히 뇌 질환에 신통한 효과가 있는 것으로 알려져 있다. 현대 약리실험을 통해 밝혀진 바에 따르면 실제로 여러 세균과 아메바원충 등에 살균, 살충작용을 하는 독초이므로 약으로 쓸 때는 사용량에 신중해야 한다.

할미꽃에 관한 문헌상의 기록은 통일신라시대의 학자 설총이 지은 「화왕계」에까지 등장하니 할미꽃의 역사 또한 만만한 것이 아니다. 할미꽃이 무덤가에 주로 보이는 것은 봉분을 다질 때 사용하는 석회의 알칼리 성분 때문이라거나 인골의 인 성분을 좋아해서라거나 혹은 새로 파놓은 흙이 중성 토양이거나 토심이 깊어 긴 뿌리를 내리기 좋아서라는 등 의견이 분분한데, 그 주장들과는 별도로 햇볕이 잘 들고 물 빠짐이 좋은 곳에 잘 자라는 식물임에는 틀림없다. 영월의 석회암지대에 분포하는 동강할미꽃과 일본에서 보았던 할미꽃은 꼬부라지지 않고 꽃이 하늘로 향했던 기억이 있다.

미나리아재빗과의 여러해살이풀 할미꽃. 백발의 노인풀이나 꼬부랑 할머니꽃쯤으로 부르고 말기엔 너무나 아름다운 꽃이다. 고생만 하다가 늙어 죽은 것이 아쉬워 무덤가에서 아름다운 모습으로 환생한 할머니의 화신꽃. 엎드려 귀라도 기울이면 "나도 말이유~ 한때는 말이유~" 할 것 같고, 손자 손녀라도 찾아오면 "이 할미가 말이야~" 하는 소리가 들려올 듯한 꽃이다. 그러나 묘지 부근 어디에나 흔하던 할미꽃도 지금은 자연 상태에서 보기가 쉽지 않게 되었다. 무덤가에 있지 않은 할미꽃이 무슨 할미꽃이겠나.

무덤가의 할미꽃

잡초 중의 잡초
바랭이

아무도 찾지 않는 바람 부는 언덕에

이름 모를 잡초야

한 송이 꽃이라면 향기라도 있을 텐데

이것저것 아무것도 없는 잡초라네

　1982년 나훈아가 불러 오랫동안 인기를 구가했던 「잡초」의 가사는 씁쓰레한 웃음을 머금게 한다.

　'잡초'는 '쓸모없는 풀'이라는 의미를 넘어서 인간의 목적에 방해가 되는 식물이라는 의미까지 포함하고 있다. 그러니 위의 가사처럼 인간에게 도움도 피해도 끼치지 않고 아무도 찾지 않는 언덕에 자라는 것은 차라리 야초野草쯤으로 불러야 될 듯싶다. 사실 생명 있는 것에게 '잡초'라는 이름은 참혹하다. 실제로 잡초로 취급 받는 풀들의 면면을 하나하나 들여다보면 그 꽃과 향기에 감탄할 만한 나름의 면모를 갖추고 있다.

고추 당초 맵다한들 시집살이보다 맵다더냐

동아줄이 모질어도 바래이(바랭이)에 비길소냐

영서 지방에 구전되는 정선아리랑풍의 농사민요인데 잡초의 대명사
격인 바랭이의 질긴 생명력에 넌더리를 내는 아낙의 푸념이 담겨 있다.

바랭이는 농경지에 자생하는 벼과의 풀로, 쇠비름이나 명아주, 달개
비, 진득찰 같이 줄기를 잡고 뿌리를 뽑으면 비교적 손쉽게 제거되는 여
타 잡초와 다르다. 옆으로 기는 줄기에서 마디마다 뿌리를 내리기 때문에
잡아 뜯으면 뿌리가 끊어져버린다. 끊긴 뿌리는 땅속에 남았다가 비만 오
면 금세 다시 무성하게 자라 농부들을 괴롭히는 것이다.

쑥이나 질경이 등은 때론 천덕꾸러기일지라도 인간의 지근거리에서
구황식품으로서 주린 배를 채워주며 어떨 땐 약재로 쓰이기도 한다. 이것
들이 애증의 경계선을 넘나들며 사람과 동고동락한 그야말로 민초民草라
면, 잎도 줄기도 그 뿌리도 보잘것없어 존재감조차 미약한 깡마른 바랭이
는 그저 한결같은 '웬수덩이' 풀일 뿐이었다. 빗소리만 들려도 뙤약볕에
콩밭을 매고 온 아낙네들의 가슴이 덜컥 내려앉곤 했으니.

시인의 마을

청평 별장지

좁은 길가에 잡초 더미 나뒹군다

쇠비름 여뀌 명아주 바랭이……

뽑혀 말라 비틀린 잡풀 뿌리 들여다보면

섞일 잡雜이라는 배아줄기에 잡곡 잡귀 잡년 잡놈 잡종 잡배……

반상班常에서 밀린 비망록, 언제

동강날지 모를 알몸뚱이들이 줄줄 매달려 나온다

오뉴월 땡볕 아래 드러난 실뿌리들

돌부리 사이에 치모라도 숨겨볼까

서로 엉겨 궁리하는 사이

승용차 바퀴가 꿈을 뭉개고 지나간다

꺽정이, 봉준이 뼈 꺾는 비명소리 파랗게 잘려나간다

슬픔의 뿌리는 늘 뚝뚝 끊긴다

—이영식, 「푸른 비명」

그러나 이 땅에 지천으로 넘쳐나는 풀에 어찌 용처가 없으랴! 천렵
때면 동네 아이들은 여러 갈래로 길게 갈라진 바랭이 이삭 쪽을 묶어 가
재를 꿰는 꿈지(꾸러미)를 만들었고, 봇도랑에서 물놀이를 할 땐 바랭이
줄기를 열십자로 꿰어 물레방아를 걸었다. 또 잠자리 시집보낼 땐 바랭이
이삭을 꼬리에 끼워 그것이 여러 갈래로 너풀너풀 흔들리는 모양을 깔깔
대며 바라보기도 했다. 단단하고 가는 이삭줄기는 이쑤시개로 쓰였고 장
마철에 쇠꼴을 베어오지 못하면 가까운 논둑에 난 이놈을 베어다 소 먹이
를 대신하기도 했다. 게다가 겨울철 불장난엔 마른 바랭이검불만 한 불쏘

시개가 없었으니, 지긋지긋한 잡초로만 여겼던 이놈도 기실 농경생활의
일부분이었다. 이런 면에서 바랭이는 인간의 선입견에 일침을 놓으면서
자연의 넉넉한 어우러짐을 환기해주는 존재로 다가온다.

　잡초가 있어 화초가 더욱 돋보이고, 종 사이의 경쟁이 서로를 더욱
발전시키는 것은 비단 식물 세상의 얘기만이 아니다. 그러나 만물의 영장
이라는 자만에 취해 삼라만상의 조화를 잠시 잊은 인간들은 오늘도 제게
만 좋고 예쁜 것에 대한 편애를 그칠 줄 모른다. 맹독성이 있어 곤충이 끼
지 않는 은행나무를 가로수로 심고 주목을 정원수로 선호하며 밭이랑에
는 화학섬유포를 깔고 덮는다. 그렇게 송충이와 애벌레를 박멸해놓고 그

성충인 나비를 그리워하는 사람의 마음이 참으로 부끄럽다.

바랭이. 목 타는 가뭄에 하늘을 바라보며 비를 기다리던 농부들의 바람이 담긴 이름일까? 지긋지긋한 잡초가 무성해지지 않기를 바라는 마음을 이름으로 붙인 걸까? 한여름의 불볕을 가리려고 머리에 수건을 둘러쓰고 비탈밭을 매던 내 어머니의 고단한 호미 끝에서 한숨과 함께 뚝뚝 끊기던 잡초 바랭이. 내 손등의 사마귀처럼 싫으면서도 친근한, 아니 그립기까지 한 존재다.

박꽃에서 대박까지

돌담을 끼고 황혼이 돌아 나간 외딴 오두막

호젓한 박꽃이 종이등 같이 커지는 저녁

세월은 물처럼 흘러간다 해서

물처럼은 되돌아올 줄 모르고

백발이 들창 밖에서 애기처럼 보채니

수양버들 한사 싫어라 손을 젓는다

구름이 양떼 같이 내려오는 잔디밭에

내 토끼처럼 누워서 잠을 자고

꽃잎이 지는 호수에

어족처럼 쉬다가 가려오

—이설주, 「박꽃」

보름달이 비치는 둥근 초가지붕에 하얗게 피어난 박꽃처럼 우리 정서에 어울리는 풍경이 또 있을까?

박목 박과 식물의 대부분은 노란 꽃을 피우는데 박꽃은 눈부시게 흰 꽃을, 그것도 어스름 저녁에 피우기 시작하여 한밤중에 만개한다. 달빛 고고한 춘정지절에 이런저런 사연으로 밤을 지새야 했던 많은 사람들의 애절한 사연 한 자락쯤 품고 있을 듯한 꽃이다. 이설주의 시구 속에선 들창 밖에서 애기처럼 보채는 백발에 비유되었으니 그 고즈넉한 풍광을 두고 늙어감을 아쉬워하는 마음이 엿보인다.

민초의 일상에 시계가 등장하기 전 이 땅의 아낙네들은 박꽃 피는 모양을 보고 저녁밥 안치는 시간을 가늠했다고 한다. 어스름 녘에 오므렸던 박꽃이 종이등처럼 커지면 부엌으로 가서 밥솥에 불을 지핀다. 그리고 마당으로 나서다가, 점점 희다 못해 형광빛을 발하는 지붕 위 고고한 박꽃의 자태를 다시 쳐다보게 된다. 그 신비스런 분위기에 탄성이라도 지를 뻔하던 차에 박각시라도 날아들면, 세상 음양이치의 오묘함을 느끼며 일터에서 돌아올 낭군을 기다리는 마음이 더욱 애틋해지는 것이다. 사립문을 들추고 서방님 기척을 찾아 울 밖으로 빼꼼히 고개라도 내밀면 하늘로 오르는 굴뚝의 저녁연기와 함께 색 없이도 오색영롱한 한 폭의 수묵화가 된다.

박은 산도 농경지도 울타리도 아닌 처마 아래에 심겨 지붕을 타고 오르니, 그 성장하는 공간부터가 범상치 않다. 박은 민초의 삶에 바짝 다가와 한해살이를 시작한다. 솜털이 성성한 잎과 줄기가 혹여 놓아기르는

가축에게 해를 입을세라 집주인은 심어놓은 박 주변으로 싸리나무를 촘촘히 둘러 꽂는다. 씨앗을 심는 순간부터 시작되는 이런 정성과 보살핌 속에서 박은 매어놓은 새끼줄을 따라 지붕 위로 오르는 데 성공한다.

지붕으로 올라간 박 줄기는 여기저기로 가지를 치고, 봄꽃의 향연이 끝나버린 녹음 속의 초여름 밤을 신비로운 분위기의 흰 꽃으로 수놓아 많은 시인묵객의 시상을 끌어내기도 했다. 표현할 줄 모르는 무지렁이 민초들도 박꽃을 보며 가슴의 왠지 모를 설렘으로 밤잠을 설치기도 했을 것이다.

박꽃은 밤에 피다 보니 꽃가루받이를 해주는 야행성 전담 수정사를 두고 있다. 이름 하여 박각시라는, 나방의 한 종류다. 마치 제트전투기 같은 모양의 박각시는 벌새처럼 정지비행을 하며 긴 대롱의 입으로 꿀을 빨아들이는 모습이 아주 독특하다. 동서양을 통틀어 꽃과 그의 수분을 돕는 곤충의 관계는 꽃(♀)을 찾는 벌과 나비(♂)로 표현되어왔다. 그러나 어찌된 영문인지 박꽃에서는 꽃을 찾아오고 떠나가는 나방이 각시이니, 박각시라는 우리말 표현은 참으로 흥미로운 언어 조합이다. 박나방이라 부르기에는 너무나 아름다운 모습 때문일까? 아니면 다른 곤충들과 달리 꽃에 감히 발을 딛고 서지 않는 섬김이 돋보였던 것일까?

거름바가지

꽃이 진 자리에 맺힌 박은 여름내

그 크기와 둥글기를 더해 어린아이 머리통크기쯤 되면 나물로 식용한다. 흔히 여인네의 속살을 '박속 같이 희다'고 하는데 이 무렵 푸른 박을 쪼개면 그야말로 꽃물이 스민 듯 흰 속으로 가득 차 있다. 이 속을 길게 도려낸 뒤에 말려서 사철 먹는 '박오가리(박고지)'를 하기도 했고 무채나 깍두기처럼 썰어서 삶아 먹기도 했으며 각종 식재료와 섞어 이런저런 요리를 만들기도 했다. 박속의 달콤하고 향긋한 맛은 지금도 잊히지 않는 별미 중의 별미다.

바가지를 빼놓고 박의 용도를 이야기할 수는 없을 것이다. 겉껍질이 단단하게 여물면 속을 파낸다. 그것을 가마솥에 삶아내어 말리면 바가지가 완성되는데, 크기에 따라 보자면 찬장 옆에 걸린 간장종지에서부터 그 다음이 물동이나 쌀항아리에 들어 있는 쪽박, 쪽박으로 쌀을 퍼 담아 내오던 쌀바가지 순서다. 이 쌀바가지는 부뚜막에 걸려 있다가 물바가지도 되고 밥바가지나 떡바가지도 된다. 그러다가 부엌으로 들어온 닭이 부뚜막에 놓아둔 음식을 쪼아먹지 못하도록 덮어두는 뚜껑이 되기도 했다. 많이 심지 않았던 조나 수수를 담아두던 커다란 곡식바가지로도 쓰였다.

부엌을 나서도 박의 용처는 끝이 없다. 우물가의 표주박에서 헛간이나 광에 씨갑씨(씨앗)를 담아두는 바가지, 처마 끝이나 벽 모서리에 걸어두고 다용도로 사용했던 뒤웅박 그리고 긴 자루를 매달아 오물을 퍼내던 뒷간의 똥바가지까지.

"진지 잡수셨어요?"가 아침 인사였던 우리 선조들의 생활 속에서 바가지는 우선 식생활과 밀접한 도구였다. 그러다 보니 복을 들이거나 잡귀를 물리치는 주술적인 의미의 장신구나 소품으로 사용되기도 했다. 조롱박에 각종 그림을 그려넣어 장식 용도로 사용하거나 다산의 상징으로 몸에 지니기도 했으며 함을 팔거나 상여가 나갈 때에는 온갖 부정한 것을 모아 없앤다는 의미로 밟아서 깨뜨리기도 했다.

풍자와 교훈이 담긴 속담이나 격언 속에서도 바가지는 흔히 찾아볼 수 있다.

"동냥은 못 줄망정 쪽박은 깨지 마라."

"안에서 새는 바가지 밖에서도 샌다."

"모주 장사 열 바가지 두르듯"

"여자 팔자 뒤웅박 팔자"

이외에도 터무니없는 가격을 치른 상황을 가리켜 "바가지를 쓰다"라고 표현하며 재물을 모두 잃고 몸뚱이만 남은 사람을 가리켜 "쪽박을 찼다"고 하기도 한다.

식량이 부족하던 시절 밥을 지으러 부엌에 내려선 아내는 쌀을 푸려다가 쌀독이 빈 것을 보면 방에 누워 있는 남편에게 들리도록 바가지로 빈 쌀독 바닥을 긁었다. 그 소리가 듣기 좋을 리 없는 남정네들은 이후 아내가 하는 듣기 싫은 소리를 '바가지 긁는 소리'라 일축해버렸다.

그런데 주로 부정적인 의미로 통용되던 '바가지'가 근래에는 조금 다른 뜻으로도 쓰인다. 금전적으로 크게 유리한 상황이 전개되는 계기를 가리켜 '대박 터지다'라는 말이 상용되기 시작한 것이다. 하지만 이 말에 깃든 실낱같은 기대와 불안을 생각하면 오히려 안쓰러운 현실이 엿보이기도 한다.

　박의 원산지는 인도나 북아프리카 등 열대 지방으로 추정된다. 이집트나 신대륙의 고대문명지에서도 그 흔적이 발견되는 것으로 미루어 인류가 박을 이용하고 전파한 역사는 아주 오래된 것으로 보인다.

　우리나라의 경우 『삼국사기』 박혁거세 탄생 설화의 갈피에 다음과 같은 기록이 있다. "진한 사람들은 박瓠을 박朴이라 부르는데, 처음에 큰 알이 마치 박과 같았던 까닭에 박朴을 성으로 삼았다.辰人 謂瓠爲 朴 以初大卵 如瓠 故以朴爲姓" 역시 만만치 않은 박의 역사를 짐작할 수 있다.

　내게도 까마득한 기억 속에 박을 타던 날의 풍경이 남아 있다. 기와지붕이다 보니 아랫부분에 자국이 날까 봐 박이 주먹보다 커지면 아버지는 짚으로 둥지를 만들어 박 아래를 받쳐주곤 하셨다. 그렇게 박이 영글면 형이 사다리를 타고 지붕에 올라 박을 따서 내려주었다. 아래서 아버지와 어머니는 그것을 받아 마루에 마주앉아 양 발로 서로 박을 버틴 채 흥부네 박 타듯 톱질을 했다. 부모님이 박을 쪼개면 나와 누나는 속과 씨앗을 숟가락으로 대충 파낸 후 박을 물이 끓는 가마솥에 가져다 넣었다. 잠시 후 뜨거운 김이 나는 박을 꺼내 남아 있는 속을 다시 말끔하게 긁어낸다. 그리고 감자 깎는 반달숟가락으로 겉껍질도 한번 긁어준 뒤 처마 아래 그늘에 걸어 말렸다.

　플라스틱과 금속 가공기술로 인해 용기로서의 용도를 상실한 오늘날의 박은 장식 용도나 연포탕 등 일부 요리에서 겨우 그 명맥을 이어가

고 있다. 어린 시절 먹던 어머니의 새참에는 고슬고슬한 쌀밥이 바가지에
담겨 있었다. 땀 흘려 일하던 밭머리의 나무그늘에서 먹던 그 맛을 잊지
못하는 내게 바가지는 두고두고 그리운 이름이다.

고려 중엽의 문장가 이규보의 『동국이상국집』은 마치 내 마음 같은
한 편의 시를 전한다.

쪼개서 바가지로 만들어 물을 뜨니 얼음물 같이 차고
온전한 대로 호리병 만들어서 담으니 옥 같은 술이 맑구나
막힌 마음으로 펑퍼짐하니
큰 것을 근심할 것이 없네
어지간히 커지기 전에 삶아 먹어도 좋으니까

—이규보, 「박匏」

춘래불사춘,
청춘의 시린 추억
목련

목련꽃 그늘 아래서 베르테르의 편질 읽노라

구름꽃 피는 언덕에서 피리를 부노라

아 아 멀리 떠나와 이름 없는 항구에서 배를 타노라

돌아온 사월은 생명의 등불을 밝혀든다

빛나는 꿈의 계절아

눈물어린 무지개 계절아

목련꽃 그늘 아래서 긴 사연의 편질 쓰노라

클로버 피는 언덕에서 휘파람 부노라

아 아 멀리 떠나와 깊은 산골 나무 아래서 별을 보노라

돌아온 사월은 생명의 등불을 밝혀든다

빛나는 꿈의 계절아

눈물어린 무지개 계절아

—박목월, 「사월의 노래」

박목월의 시에 우리나라 최초의 여성작곡가 김순애가 곡을 붙여 만든 「사월의 노래」를 빼고는 목련을 이야기할 수 없다.

일제강점기와 해방 그리고 정치적 혼란 속에 벌어진 동족상잔의 비극 등 암울한 질곡의 역사 속에서 3년을 끌어오던 전쟁도 끝나가던 무렵이었다. 이러한 시대에 청록파 시인 박두진이 주간이 되어 새로이 창간한 학생잡지 『학생계』는 우리 학생들에게 꿈과 희망을 줄 수 있는 노래를 싣고자 했다. 그리하여 명망 높던 두 분께 위촉해 지은 것이 곧 「사월의 노래」다. 이렇게 탄생한 노래는 학생들에게서 먼저 불려졌고 이후 교과서에도 수록되면서 1950년대 말쯤에는 전국적인 애창곡이 되었다. 박목월은 한국전쟁 전 이화여고에 교사로 재직할 당시 여학생들이 교정의 목련나무 그늘에서 책 읽고 편지 쓰던 모습을 떠올리며 시를 지었다고 한다.

목련은 10미터쯤 크는 중간키나무의 낙엽활엽교목으로 우리나라의 제주나 추자군도 그리고 일본에 자생하며 오래전부터 우리의 정원수였다. 그런데 사실 우리가 쉽게 볼 수 있는 목련은 대부분 추위에 좀더 강한 중국산 백목련이다. 이른 봄에 나뭇가지가 휠 정도로 커다란 꽃송이를 피워내는 목련. 잎보다 먼저 휘영청 꽃을 피우고 짙은 향까지 풍기는 목련

은 인고의 겨울을 지내고 맞이하는 봄의 정취를 한껏 더해주는 나무다.

우리 목련은 잎과 꽃이 작은 편이다. 꽃잎 안쪽이 붉은색을 띠는 이 종은 아쉽게도 '고부시'라는 일본 이름으로 통칭되고 있다. 그에 비해 백목련은 전체가 흰색이며, 꽃잎 안팎이 모두 자주색인 중국원산의 '자목련'과 바깥쪽은 자주색이고 안쪽은 흰 빛을 띠는 원예종인 '자주목련' 그리고 잎이 난 후에 꽃이 피는 '일본목련' 등이 있는데 이들 종은 목련이나 백목련보다 개화시기가 좀 늦다.

목련은 꽃망울의 형태가 붓과 비슷하여 '목필木筆'이라고도 하며 겨울눈의 남쪽 부분이 부피 성장을 더 많이 하다 보니 북쪽을 향해 피는 특성이 있어서 '북향화北向花'로 불리기도 했다. 꽃은 향이 강해 향수의 원료로 쓰이며 한방에서는 '신이辛夷'라 하여 코 질환에 중요한 약재로 쓰이기도 한다.

내게 목련은 초라한 청춘의 고비마다 절박한 심정으로 방황하는 나를 채찍질하는 그런 꽃으로 다가온다. 아버지의 노환으로 집안이 어수선한 가운데 고등학교에 입학하게 되면서 나는 비용절감을 위해 원주시 외곽에 소재한 학교 근처 산동네에 허름한 구석방을 얻어 자취를 하게 되었다. 성황림마을에서는 아쉬울 것 없이 자란 막내아들에게 연탄불에 밥을 해서 스스로 끼니를 해결해야 하는 현실은 낯설고 어설프기 짝이 없었다. 맨밥을 왜간장과 마가린에 비벼먹는 것으로 거의 매끼를 때웠다. 점심 도시락은 귀찮아서 싸 가지 않았기에 점심시간이 되면 교실을 나와 화단 옆

벤치에 앉아서 학교 아래로 펼쳐진 논밭을 내려다보곤 했다.

그렇게 고달프게 생활하기가 한 달쯤 지났을까? 화단에 띄엄띄엄 심겨 있던 목련꽃이 일제히 꽃망울을 터뜨리고 그 향기가 코를 찌르던 봄날이었다. 성황림마을의 유년과 같은, 그런 봄은 다시는 오지 않으리라는 생각이 갑작스레 솟구치며 동시에 볼에서 뜨거운 것이 흘러내렸다. 그렇게 나도 모르게 흘렸던 눈물과 아른거리던 목련꽃의 모습을 결코 잊지 못한다.

모든 것이 낯선 현실 속에서 시간은 앞으로만 흘렀고 아버지가 돌아가셨다. 더욱 꼬여만 가는 가정사의 우여곡절 속에서도 어머니의 눈물겨운 뒷바라지로 대학 공부를 마치고 졸업과 동시에 입대 영장을 받았다. 어머니는 내 하숙비를 보태려고 서울로 올라가 남의집살이를 하고 계시던 터라 시골집은 비어 있었고 마땅히 머물 곳이 없어 이리저리 전전하던 나는 환송해주는 사람 하나 없이 빈손으로 입대했다.

훈련병 시절, 토요일 오전 일과를 마치면 PX(부대 내의 매점)로 우르르 몰려가던 동료들 사이에서 여분의 빵 값이 없어 혼자 내무반으로 들어갔다. 2층 내무반 창 높이까지 일제히 꽃망울을 터뜨린 목련을 멍하니 내다보고 있을 때 창밖에서 기간병이 손짓으로 부른다. 관등성명을 복창하며 뛰어 나갔더니 통로에 떨어진 목련꽃잎을 쓸라고 한다.

"넷! 알겠습니다."

허기를 삼키며 빗자루를 가져다 떨어진 흰 잎들을 깨끗이 쓸어놓고 보고를 했다.

자주목련. 사진 임병환 박사 제공

"너 앞으로 이 통로 당번이다 알겠나?"

"넷! 알겠습니다!"

이튿날 일어나보면 후줄근하게 또 떨어져 있는 목련꽃잎.

"눈이 발바닥"인 채 남에 집에 매이신 어머니와 그나마 연락도 두절 상태인 남은 가족들. 앞으로 어떤 부대에서 어떤 식으로, 몇 번이나 이런 봄을 맞게 될지. 아침 구보에 열외를 받으며 목련꽃잎을 쓸다가 올려다본 하늘은 눈부신 꽃 천지였지만 내 마음은 고립무원이었다.

그렇게 34개월의 복무기간 동안 훈련소부터 통틀어 단 한 번의 면회객도 오지 않은 진기록을 세우고 제대를 했다. 그리고 처음 맞이한 봄이 세 번째 시린 목련의 기억으로 남아 있다.

취업에 대한 현실감이 전혀 없던 내게 세상의 벽이 얼마나 높은지를 실감하는 데는 그리 많은 시간이 필요치 않았다. 성황림마을에서 일찌감치 올라와 세차 일을 하는 친구의 자취방에 신세를 지는 것도 한계에 가까워질 무렵 일간지 광고를 보고 시작하게 된 일이 책 외판원이었다.

반기는 곳 없이 굳게 닫힌 문을 열고 들어가 면박을 받아가며 비싼 책을 팔기란 결코 녹록한 일이 아니었다. 실적을 올리지 못한 채 며칠이 지나고, 들어간 어느 빌딩에서 등 떠밀려 나올 때 등 뒤로 들려오던 "에이, 재수 없는 잡상인!"

봄비가 구죽죽이 내리는 피카디리 극장 앞엔 다정히 우산을 받치고 팔짱을 낀 연인들의 발길이 분주했다. 그때 처음으로 나 자신이 이미 촘촘히 짜인 제도권의 유리문 밖에 서 있음을 실감했다. 비를 다 맞으며 한

없이 걸었다. 삼선교를 지나 미아리고개 친구의 자취방에 도착했을 때 뒷산에 흐드러진 목련꽃이 시린 가슴을 어찌나 쥐고 흔드는지.

제대 후 이미 뭔가를 시작했어야 하는 나를 두고 봄이 혼자 깊어가고 있었다. 문득 당장부터 밥 한 끼, 잠 한숨이라도 남의 신세는 지지 말아야겠다고 마음을 굳혔다. 앞뒤 생각할 것도 없이 그길로 먹여주고 재워주는 일을 찾아 부평공단으로 왔고 그렇게 들어간 공장에 눌러앉은 채 지금에 이르게 되었다.

개화기 이후 세워진 학교의 교정에, 병영의 막사 주변에, 공공시설의 화단에 약방의 감초처럼 심긴 꽃나무. 「4월의 노래」 이후에도 양희은의 「하얀 목련」이나 테너 엄정행의 「오오 내 사랑 목련화야」에서 사랑을 담뿍 머금은 국민의 봄꽃이 되었지만 내게는 동심의 낙원이었던 성황림 마을을 떠나 낯설고 물선 타지에서 고비마다 시린 청춘을 초라하게 닦달하던 춘래불사춘春來不似春의 꽃이다.

어머니가 남겨주신 쇠영꽃
고광나무

오이순, 털고광, 쇠영꽃나무 등 여러 이름을 가지고 있는 고광나무도 물참대와 같이 범의귓과의 낙엽활엽관목이다. 모양과 크기가 물참대와 비슷하지만 이명이 많은 것을 보면 그만큼 생활 속에서 이름 불릴 일이 많았던 모양이다.

고광나무는 키를 웃도는 떨기나무의 수형과 묵은 가지의 수피가 너덜너덜 늘어진 모습이 물참대와 유사하다. 5월에 잎과 흰 꽃이 풍성하게 어우러지며 진한 꽃향기를 풍겨 눈길을 끌었다가, 그 뒤로는 이렇다 할 존재감 없이 잊혀져가는 나무이기도 하다.

고광나무는 꽃이 매화를 닮아 조선산매화나 동북산매화라는 별칭이 있으며 햇순에서 오이순의 향이 난다고 하여 오이순이라고도 한다. 한편 잎과 꽃받침에 잔털이 부숭부숭하게 나 있는 종은 털고광나무다. 봄에 나는 고광나무 새잎과 순은 식용하기도 하며 관상용, 향료용, 밀원식물로 다양하게 이용한다. 얇은잎고광나무의 익지 않은 열매와 뿌리는 치질에 쓰며, 꽃은 신경 계통 강장제 또는 이뇨제로 쓴다.

고광나무는 잎과 나무의 성상에 따라 7~8종의 세부 종으로 분류되는데 잎과 꽃을 비비면 거품이 나므로 아메리카의 원주민은 머리를 감는 용도로 사용했다. 1893년 미국에서 열린 만국박람회에 아이다호 주의 상징으로도 등장한 기록이 있다.

엉클한 캐빈을 물려주신 어머니께서는 생전에 꽃을 너무도 좋아하셔서 넓은 오랍뜰에 여러 가지 꽃나무를 가꾸어놓으셨다. 그중 하나가 봄마다 눈부신 흰 꽃을 휘영청 피우는 고광나무인데 당시만 해도 고광나무는 미처 관상용으로 생각하기 힘든 수종이었으니, 생각할수록 어머니의 혜안이 놀랍다.

"이게 쇠영꽃나무란다. 꽃이 아주 실하지."

어머니께서는 이 나무를 쇠영꽃나무라고 하셨는데 그 기억을 살려 이리저리 자료를 더듬어보니 고광나무의 다른 이름 중에 쇠영꽃나무가 보인다. 쇠영衰榮의 의미를 찾고자 기록을 거슬러오르니 천오백 년쯤 전 도연명이 읊은 「음주시」가 눈에 들어온다. 음미하며 읽다 보니 현상現狀이 전부인 줄 알고 아등바등하거나 거들먹거리는 인간의 모습이란 예나 지금이나 그리 다르지 않았는가 보다.

영고성쇠는 정해져 있지 않으니   衰榮無定在

서로 바뀌어가며 그것을 공유한다   彼此更共之

소생이 오이밭에 있으면   邵生瓜田中

어찌 동릉후일 때와 같을 수 있겠는가?	寧似東陵時
겨울과 여름이 서로 바뀌는 것처럼	寒暑有代謝
인간세상의 원리도 이와 같다	人道每如茲
달인은 그 원리를 깨달은 사람이니	達人解其會
죽는 것에 대해 장차 다시 의심을 품지 않으리라	逝將不復疑
갑자기 한 동이 술이 생기니	忽與一樽酒
날 저물면 술 마시며 즐기리라	日夕歡相持

　　짧은 개화기동안에는 눈부시도록 아름답고 향기롭지만 꽃이 지고 나면 '아! 옛날이여'가 되고 마는 이 꽃나무를 통해 어머니는 쇠衰했다가도 영榮하는 세상살이의 교훈이라도 남기려 하신 것일까? 물참대와 비슷해서 피리를 만들려고 꺾어 들고 보면 구멍이 없어 그냥 버리기도 했고, 120도의 각도로 벋는 가지를 맞대어 육각형을 만들곤 하던 고광나무.

　　"참이야, 이 나무가 할머니께서 아빠에게 남겨주신 쇠영꽃나무란다."

　　휘영청 만발한 고광나무 꽃을 배경으로 삐리릭— 민들레 피리를 부는 참이에게는 그저 화사하고 향기로운 봄꽃이다.

고광나무와 필자의 오두막

나무가 청춘이다
ⓒ고주환, 2013

1판 1쇄	2013년 11월 18일
1판 3쇄	2014년 12월 31일

지은이	고주환
펴낸이	강성민
편집	이은혜 박민수 이두루
편집보조	유지영 곽우정
마케팅	정민호 이연실 정현민 지문희 김주원
온라인마케팅	김희숙 김상만 한수진 이천희

펴낸곳 (주)글항아리 | 출판등록 2009년 1월 19일 제406-2009-000002호

주소	413-120 경기도 파주시 회동길 210
전자우편	bookpot@hanmail.net
전화번호	031-955-8891(마케팅) 031-955-1934(편집부)
팩스	031-955-2557

ISBN	978-89-6735-083-3 03900

글항아리는 (주)문학동네의 계열사입니다.

이 도서의 국립중앙도서관 출판시도서목록(CIP)은 서지정보유통지원시스템 홈페이지
(http://seoji.nl.go.kr)와 국가자료공동목록시스템(http://www.nl.go.kr/kolisnet)에서
이용하실 수 있습니다.(CIP제어번호: CIP2013021635)